つい顔色をうかがってしまう私を手放す方法

佐々木正悟

技術評論社

はじめに

「休むのは、甘えです」

そんな厳しいことを言われてはたまったものではない、と多くの人は思うでしょう。
「休むのは甘えかもしれないが、人間は休まないわけにはいかない」
「休むのは甘えではない、権利だ！」

そんなふうに反発したい気持ちが起こったでしょうか？

もし、本書をひととおり読んでもらえたら、冒頭の文章から受ける印象は一変しているはずです。

本書は、最近よく耳にするようになったハイリー・センシティブ・パーソン（以下ＨＳＰ）や、発達障害と呼ばれる方々など、

「つい人の顔色をうかがってしまう」
「怒られるのが怖くて社会生活が難しい」

といった方を対象に書きました。

ＨＳＰと、たとえばＡＤＨＤなどの発達障害は異なる心理現象です。けれども、両者には1つ、特徴的な共通点が見受けられます。それは「怒られる」ということを過剰に恐れている点です。「怒られるのが怖くて社会生活が営めない人」や「他人の顔色をうかがってしまう人」は、たとえＨＳＰでも発達障害でもなくても、本書の読者対象です。

なぜ、怒られることをそこまで過剰に恐れなければならなくなっているのでしょうか？　わたしは、その原因を

「甘え」を悪いことだとみなしているから

と考えます。甘えを悪いことだとみなしているから、甘えていると指摘されること

が恐ろしいのです。甘えていると思うと、怒られているような気持ちになってしまうのです。

もちろん、甘えをどのくらい、またなぜ悪いこととみなしているかは、人によってちがいます。おもにＨＳＰの人は、「自分が無能力だから甘えさせてほしいが、それは悪いことだ」と考えています。発達障害の人は、「そもそも人間は他人に甘えず、自立して生きていくべきだ」と過剰に考えすぎてしまって、他人とのコミュニケーションがうまくとれないようです。

しかし、どちらの場合にも「甘えている」と指摘されることは耐えがたいのです。

「おまえは無能だから、他人に迷惑をかけて甘えているのだ！」と言われるのは、このうえなくつらいことです。

「おまえは人に甘えて油断しているから、つまらないミスばかりするのだ！」と非難されるのは、悔しいことです。

こうしたネガティブな思いをすることが増えてくると、ＨＳＰの人などは「わたしは人並みに働けないんだから、休日も出社するべきではないだろうか」などと考えて、気が休まりません。人に嘲笑されて腹立たしいことがあったりするＡＤＤの人などは、「リベンジするためにも、もっと能力を高めよう！」などと考えて、休日にもライフハックセミナーに通わなければなりません。だから疲れてしまうのです。

「甘えは悪いことだ」と考えている人にとって、「休むのは甘えです」という指摘は非常に厳しいものです。そういった人は、多くの場合、休日があっても長期休暇を取っても少しも気が休まりません。

　本書の最終目的は、読者に「他人の顔色などうかがわなくても済むようになってもらう」ことです。そのためには、「甘えること＝悪いこと」という等式を手放してもらう必要があります。甘えることが必ずしも悪いことでなくなれば、「休むことは甘えです」と指摘されたとしても、心にダメージを受けることはなくなるのです。そのころには、身心が必要としている真の休息を心ゆくまで堪能できるようになっています。長期休暇を取らなくても、いつまでも疲れを引きずるようなこともなくなっているでしょう。

「怒られるのが怖いから、どうしても他人の顔色をうかがわずにはいられない」

これを「自分のことだ」と思う人は、先を読んでみてください。心を鍛えたりスルー力を身につけるのとはまた違った処方を、徹底的に検討したのがこの本です。

第1章

「警戒」しても怒られる

第2章

怖さの原因は脳にある

第3章

解決に必要なのは「甘え」である

第4章

「甘え」を活かした仕事術

第5章

「パワハラ上司」がどうしても我慢ならない人へ

第6章

休むのは甘えである

第1章

「警戒」しても怒られる

まず、わたしの話から始めます。わたし自身、かなり「ＨＳＰ気味」で「怒られるくらいなら会社なんか辞めてやる！」と考えるタイプでした。ありとあらゆる手段や環境整備を徹底し、どうにかして「生涯怒られずにすむ方法はないものか」と探し続けるほど「叱責恐怖症」だったのです。

こんな人間ですから、やはり「人間関係」は苦手でした。ランチ休憩も、ほとんどいつも１人ですごしていたものです。他人の顔色をうかがっていては休みにならなかったからです。

怒られないためのライフハックを探し求めた

ポケットＰＣという言葉をご存じでしょうか？　わたしが派遣社員だったころ、肌身離さず会社に持っていった、いまでは考えられないほど「低機能なスマホ」です。……というのはまちがいです。「電話も通信もできなかった」のですから、「スマホ」とはいえません。いまのスマホからＳＩＭを抜き取って、機能を百分の一くらいにしたら、昔もっていたポケットPCになりそうです。

大卒すぐ、初任給をはたいてそんなものを買ったのは、「ガジェットが大好きだった」せいもありますが、「だれにも怒られない人生を歩む」ためでもあったのです。野口悠紀雄さんの「超」整理法をアレンジしたオリジナル整理術で会社の書類をすべて管理していました。

ポケットPCのほかに、バーティカルの手帳も持ち歩いていました。いまならGTD（Getting Things Done）と指摘されそうな、「言われたことはなにもかも書き留める手帳術」で、仕事の抜け漏れはいっさいしないように細心の注意を払っていたものです。

さぞ仕事ができたのだろうと思うかもしれません。しかし、わたしが現実に求めていたのは「さも仕事ができそうに装うこと」でした。そうすれば、他人はなかなか文句が言えなくなるからです。

わたしは「仕事ができること」にあまり興味をもっていませんでした。わたしの関心は、ただ「人に怒られないこと」だったのです。わたしは人から怒られると「固まって」しまって、なにも言えなくなり、なにもできなくなってしまうのでした。肌が赤くなり、汗が出て肌には湿疹が吹き出し、翌日に下痢をするのです。

あまり見ないポケットＰＣをつねに持ち歩き、分厚い手帳をこれ見よがしにみせて回り、机はいつも完全に整理整頓されている人間に向かって

「キミはだらしがないね」

などと言い放つ人はそう多くはないのです。わたしの作戦は、おおむね功を奏しました。

怒られたくない人は警戒している

あらためて書いてみて、確実にいえることは

「佐々木はひどくまわりを警戒し、人の顔色ばかりうかがっていた」

憤りを抑えきれなくなってきたのです。

「なぜ、これほど気をつけているわたしに腹を立てるんだ?!」

そんな「甘え」がわたしの気持ちでした。この「甘え」という言葉は、本書のキーワードです。

警戒しても問題は解決しない

わたしの〝誤算〟については本書で解説していきますし、なぜこれが「甘え」なのかものちほどくわしく説明します。いま問題にしたいのは

「徹底的なライフハックを駆使しても、問題はいっこうに解決しなかった」

点なのです。

理由はじつにシンプルです。わたしは、「警戒」することによって「叱責恐怖」をなんとか克服しようとしていました。他人に叱られることを嫌悪していたために、いつだって人の顔色に注意をしぼっていたのです。

そうすることで、たしかに「叱られること自体」は激減させられました。時間はかかったものの、面と向かって怒られたり、クレームメールが届いたり、「佐々木さん、どうなっているんですか！」といった電話を受け取ることは少なくなったのです。

しかし、そういったことが発生する恐怖感はまったく消えなかったどころか、むしろ強くなりました。つまり、叱責への恐怖は、叱責自体が減ったにもかかわらず、悪化したのです。

これは、決して特殊なケースではありません。たとえば、「クモが怖い」人は、クモなんか見たりしないように、まして触ったりしないように、警戒して生活を送っています。しかし、その人はクモを触らないからといって、クモへの恐怖感が和らぐでしょうか？　そんなことはないでしょう。恐怖感はずっと保ったままか、むしろ強くなるかもしれません。

わたしも同じでした。警戒しているだけに、むしろ感覚は鋭敏になります。最初は叱責を恐れていただけかもしれませんが、徐々に「叱責の兆し」を恐れるようになります。少しでも妻の機嫌が悪そうに見えたり、編集さんからのメールの文面が「冷たそう」だったりするたびに、アタマの中のサイレンが鳴り響くようになるのです。

これは、「警戒レベルが上がった」せいでわたしに起きたことでした。叱責への恐怖は、他人の顔色をうかがいまくり、叱責されないことによってでは解決されないのです。

叱責される「可能性」をこの世から根絶しないかぎり、わたしは枕を高くして寝られません。しかし、そのようなことは現実として不可能なので、わたしは奇妙な被害妄想を育ててしまうことになりました。わたしを叱責する「可能性のある人」に対して、潜在的な恨みの気持ちをもってしまうのです。

わたしを叱責する可能性のある人とは、わたしに縁のあるすべての人に決まっています。そうなると、わたしは縁のあるすべての人を潜在的に恨むようになるのです。

以上が、「他人をいくら警戒しても叱責される恐れを克服できない」大きな理由です。

いくら顔色をうかがっても「叱責ゼロ」は実現できない

もう1つ、シンプルで大きな問題が残りました。いくら警戒レベルを高くして、ライフハックに努めても、失策をゼロにすることはできなかったのです。叱責を根絶することなど、そもそもできないわけです。

たしかに、わたしは「1分以上かかる行動のすべてを記録に残す」タスクシュートを10年やりました。おかげで、いまから5年以上も前の2015年2月1日の朝は午前7：30過ぎに起床し、8：30ごろにトイレに籠もっていたことも記録によってわかります。その日の午後5時には連載記事を書いていて、約50分かかったこともわかります。

しかし、これほど詳細に記録を残したからといって、仕事の締め切りを絶対に間に合わせることはできないし、誤字や脱字をゼロにすることもできないし、連載を打ち切られないようにすることもできません。

締め切りは、いつも未来の予定です。人間には未来は見通せません。震度7の地震がいつ来るかはわかりません。新型ウィルスに罹患する可能性を排除することもできません。台風が屋根を吹き飛ばしていくかもしれません。これらは、ここ数年に実際に起こったことです。私事に関していえば、身内が重い病気にかかって入院もします。親類が事故を起こすこともあります。仕事は中断してお見舞いに行ったり、病院を探したり、葬儀に出かけるべき時もやってくるわけです。どれほど気をつけて余裕をもった計画を組んだつもりでも、先の時間をコントロール

▼ 2015年2月1日のわたしの行動の記録

7-8	起床	07:36-07:43
7-8	Rise 6:42	07:43-07:43
7-8	朝のセッティング	07:44-08:15
8-10	スキンケア	08:15-08:25
8-10	野菜ジュースを作る	08:26-08:40
8-10	トイレ大	08:26-08:26

できるわけではないのです。
それにタスクリストが「完璧」に近くても、そこに書いてもいないことを「やらかす」のが人間でしょう。「皿洗い」とリストにあっても、食器を落として割ることもあります。「皿を割る」とはリストに書いていませんが、わたしは割ってしまいます。これに対して、人はいい顔をしません。

警戒していれば完全な行動を取れるわけではない。
警戒していればエラーを起こさないわけではない。
警戒していれば叱られないわけではない。
だから、警戒しても怒られる。

念のため断っておくと、決して仕事術やライフハックが仕事の役に立たなかったわけではありません。派遣社員時代でいえば、「超」整理法も、ポケットPCのメモ術なども、仕事の役には立ちました。いまでも、「タスクシュート」をはじめとするタスク管理には大いに助けられています。

私が言いたいのは、どんなに仕事術を徹底的に活用しても、ミスをゼロにできず、仕事を完璧にはやれず、何より人の心を読んだりコントロールできるものではないという話です。つまり、「怒られる機会をゼロにする」目標はついに達成できずじまいだったのです。

「嫌な人とは距離をおく戦略」では自分を守り切れない

警戒をいくら強くしても恐怖心は消えないし、そもそも失敗もなくなりはしません。これは決して、わたしがあまりにもまぬけだからとも言い切れないでしょう。もっとも、わたしは相当のまぬけで、これについては正直にここで告白しておきます。

「それでは、あなたを叱責するような人とは関わらなければいいのではないか？」

そんな〝戦略〟のことにも、本章の最後でふれておきましょう。一理あるように思えます。しかし、これは原理的に無理があるのです。

先ほど、次のようにお伝えしました。

「わたしを叱責する可能性のある人とは、わたしに縁のあるすべての人」

わたしを怒るかもしれない人と距離をおくとは、全人類と距離をおくことを意味するのです。

「いくらなんでもそれは極端だ」というなら、関わる人がほとんどゼロになってしまうといってもいいでしょう。それでは、生計が立ちゆかなくなってしまいます。

「たとえだれもかれもを警戒しないとしても、顔色をうかがって生きていくのはつらいのだから、他人に厳しい人やキツい人と距離をおくのは当然ではないか」

そういう意見もあると思います。これはまさに、本書の想定読者さんです。HSPでなくてもいいのです。

ここであえて言いますが、はたして本当に「イヤな人とだけ距離を空ける」などということが可能でしょうか？

あなたがかつてのわたしとまったく同じように「ケンカが弱く、気も弱く、他人に対して強く出られない」のであれば、なかなか「関わってくる人を都合よくフィルタリング」などできないことを心配します。というより、わたしはそれに失敗し続けてきたのです。

「自分はあまりにも人に恵まれなかった」

という方も少なくないでしょう。親は毒親で、恋人はサイコパスで、上司はパワハラで、同級生にも同僚にも心の許せる人間などいたためしがないという人だっているでしょう。周囲の人間がそれほどひどかったのだから、可能ならばあらゆる人間とは距離をとりたいというのが本音かもしれません。ところが、最大級に他人を警戒していれば、人間関係の運勢が最悪になるのは必然なのです。

人を警戒するとは、人に不信感を向けることです。なるべく人とは距離を空け、飲みに誘われても可能なかぎり断り、たとえ一緒に行動しても決して本音を語らず、なにを頼むこともせず頼まれごともなるべくされないように心がけているでしょう。

たしかに、そうしていれば、あなたを利用してやろうという腹黒い人間を遠ざけることはできそうに思えます。しかし、腹黒くない人間も一緒くたにして遠ざける結果になります。

それだけではありません。腹黒くない善良な人は、あなたの様子を見れば、おおよその事情を理解し、あなたに強引に近づくことはしなくなるでしょう。しかし、サイコパスのような人はそうではありません。あなたのふるまいが対人不信であれば、むしろ強引に距離を縮めてくる恐れがあります。なぜなら、人を利用してやろうとする人の目には、繊細な人はコントロールしやすく映るからです。また、人間関係のネットワークから外れているので、味方になる友達が少なそうに見えます。「他人を支配したい人々」にとっては、「邪魔が入りにくい」というわけです。

これが、「繊細さん」やＨＳＰな人々の対人関係の〝運の悪さ〟です。こうしてみると、決して運が悪いだけではないことがわかります。

「じゃあどうしたらいいの？」

と不満に思ったかもしれません。「他人の顔色をうかがって、胃を悪くして生きていくしか、自分には道がないわけ？」と抗議したくなる人もいるでしょう。

もちろん、そうではありません。少なくとも自分は、もうそんなことをやめるようになりました。

ここまでにわたし自身を例にとって述べてきた内容自体は、じつはシンプルです。「警戒レベルを上げ、他人の顔色やご機嫌うかがいをいくらやってみても、それではうまくいかなかった」というだけの話です。他人に怒られたくないからライフハックに精を出し、仕事や生活でのミスを減らし、波風を立てないように注意しているだけでは、そのこと自体の精神的ストレスを減らせないのです。あたりまえといえば、あたりまえです。

そうしているうちに、「人嫌い」になっていくわけです。「他人とは面倒くさいもの」だと考えざるをえなくなるからです。そこで、他人と距離を空けようとします。でなければ、心の壁を築き上げようとします。わたしは、どちらもやってみたことがあります。結果として、うまくいきませんでした。なぜなら、人との距離を空けようと努力していると、あまり望ましくない人のほうが、その距離を強引に縮めてくるからです。心の壁をぶち壊す人も登場します。そうした人に、「いい人」はめったにいません。その方針で突き進むと、最終的にわたしの人間関係は「怖い人」が主流を占めてしまうわけです。

事態は八方ふさがりに見えてきます。ミスしない人間を目指してもダメでしたし、人との距離を空ける戦略もうまくいきませんでした。

ここまで追い込まれて、ようやく思い至った大事なポイントがありました。

「なぜわたしは、これほどまでに他人を怖がらなければならないのか？」

人の顔色をうかがうというのも、けっきょくは、その顔が怒りや侮蔑に満ち満ちないようにしておきたいからです。

わたしにそんなことを「強いている」ものはなんなのか？　答えは、わたしの脳のなかにあったのです。

第2章

怖さの原因は脳にある

前の章で、わたしはライフハックや仕事術を通して「人に怒られる可能性をつぶす」努力をしてきたと述べました。そして、それがうまくいかなかったことも確認しました。この章で、わたしは「失敗しようがしまいが、本来そこまで恐れる理由などない」はずの人々まで、怖がって「顔色をうかがってしまう」のはどうしてなのかを明らかにしたいと思います。

怖いときに扁桃体が活性化する

どうして、他人をそれほど「怖がる」のでしょうか?

決して不思議な話ではありませんが、ヒトの脳には「恐怖」と深く関わっている場所があります。感情一般と深く関係のある「大脳辺縁系」というところの、とくに「扁桃体」と呼ばれる部分が、恐怖や不安と関係が深いのです。

これも驚くようなことではありませんが、扁桃体は人間ほど知的ではない動物にも備わっています。は虫類にもあります。かつて扁桃体の周辺は、ヒトの脳でも「は虫類脳」などと呼ばれていました。その呼び名が好まれなかったためか、いまでは「妖精脳」などと呼ぶ人もいます。

大ざっぱな言い方になってしまいますが、「怖い」ときには「扁桃体がアクティブになっている（活性化している）」と説明できます。これが原始的な動物一般にインストールされている理由は明らかです。「怖いことがあったら、逃げるか、逃げられないようなら闘う必要があった」からにちがいありません。

野生の世界で「怖い」というのは、冗談ごとではありません。自分より強い相手に食べられそうであっ

▼ 扁桃体が恐怖や不安と関係が深い

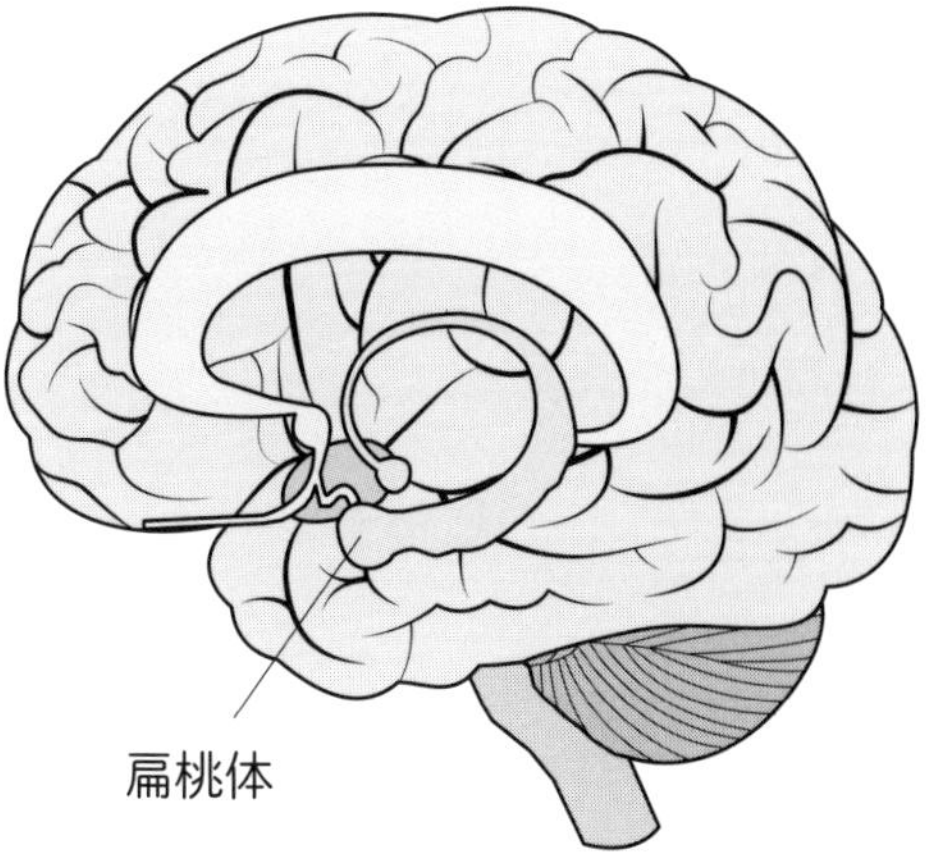

たり、群れの仲間から喧嘩を売られていたり、人間につかまえられそうになったりしているはずです。生活と命がかかっているのです。

だから、「怖い」ときにはとっさに対処する必要があります。全力を出し、可能なすべての手段を用い、敵に致命的な一撃を与えるか、最高速度でその場を立ち去るべき状況にあるのです。

しかし、たとえばHSPの人が「怒られるのが怖い」というのは、そういう状況ではありません。パワハラ気味の上司が怒鳴っているとしても、生活も命もかかっていません。コークスクリューパンチを顔面に浴びせたり、一目散に走り去ることもできません。つまり、脳内の「扁桃体」が活性化しても、現代人にとってはたいして役に立たないのです。

それなのに、恐怖感情には襲われます。それはひどいストレスになり、ストレスにしかならないのです。

だから、わたしたちが「怒られるのが怖い、イヤだ」というのは、「わたしの扁桃体を活性化させないでほしい」と言っているのと同じことなのです。

怖いと腹が立つ

　また、怖い目に遭うと、次の瞬間には怒りの感情が湧いてきます。これも、脳の仕組みから驚くべき話ではありません。野生の動物なら、怖い目に遭わせてくる敵に、可能なら致命的な一撃を加えたいところです。怖い目に遭わせる相手は「敵」なのです。自分の身には危険が迫っているのです。「攻撃は最大の防御」という格言のとおり、攻撃してくる「敵」には反撃を与えて黙らせる必要がある、と人間のなかでも原始的な脳は判断します。

「この理不尽なパワハラ課長をぶん殴ってやりたい！」

　そんな感情の背景には、扁桃体を中心とした原始的な脳の働きがあるわけです。

　もちろん、いくら腹が立つからといって、実際に課長を殴ってしまうわけにはいきません。殴れないどころか、ほとんどの場合は口答えすらできないはずです。だから、「扁桃体を活性化させた」場合、現代人は自分で自分を傷つける結果に終わることが多いのです。

これ以後、本書では恐怖や不安のせいで扁桃体が活性化した心理状態を「扁桃体モード」と呼ぶことにします。

扁桃体モードが「自分」を傷つけてしまう仕組み

動物が扁桃体モードに入る目的はとてもシンプルです。「敵」から逃れ、生存確率を上げるためです。サバイバルそのものです。しかし、人間は違うでしょう。現代人が扁桃体モードに入っても、役に立つと思えるような状況はほとんどありません。

- 課長から逃れるために走り去る（ＦＬＹ）
- 課長を殴り倒す（ＦＩＧＨＴ）

・課長の目をくらますために死んだふりをする（FREEZE）

これを総称して「扁桃体モードの3F」といいますが、3つの手段のいずれも場ちがいすぎて選択することができません。あえていえば、3番目の「死んだふり」に似た状態になり、身体を固めてものも言わなくなり、ただひたすらその場をやり過ごすのが現実に近いようです。

このように「扁桃体モード」は、現代社会に起きる摩擦の問題を解決できません。にもかかわらず、その使用者に肉体的もしくは精神的ダメージだけは残していきます。たと

▼ 扁桃体モードの3F

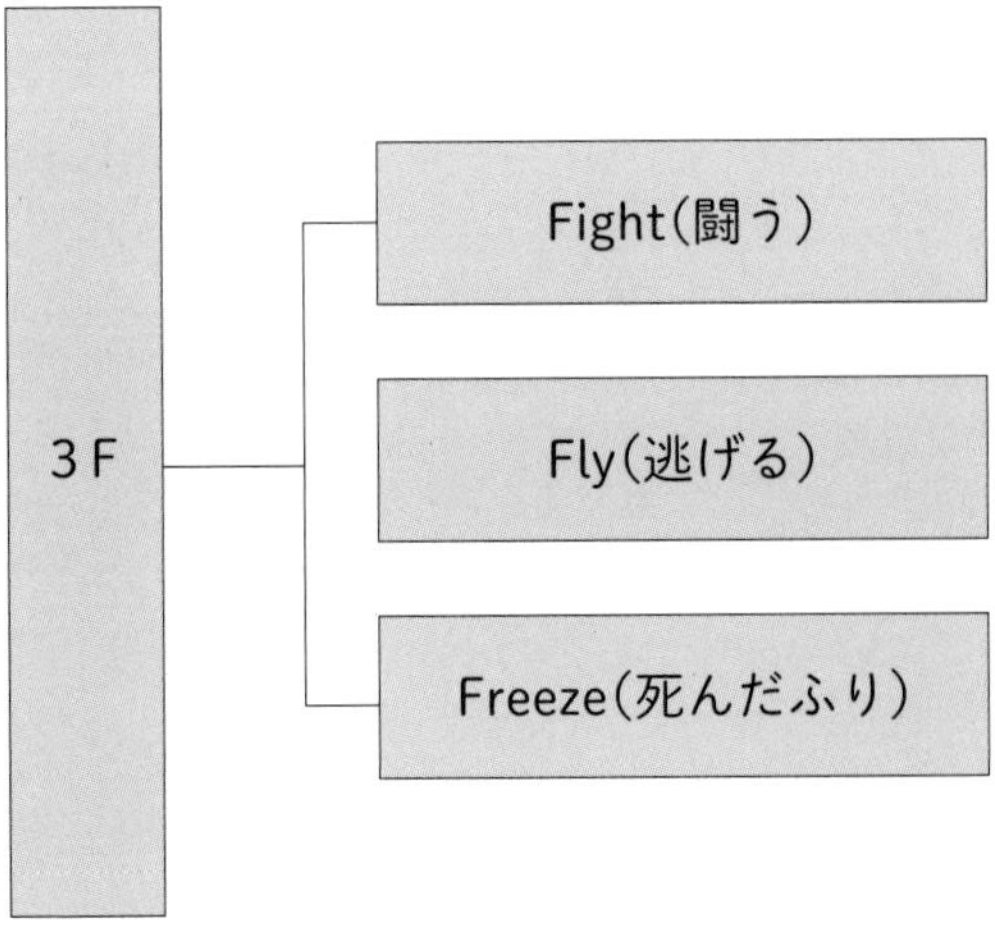

えば、実際には課長に一撃を与えるわけにはいかないので、自分の心の中でイメージした課長を攻撃してしまうのです。しかしそれは、自分の心の中の課長を攻撃しているわけですから、攻撃を受けているのはある意味では「自分の心」なのです。現に、長時間に及ぶ扁桃体モードの活用は、無用に心拍数を高めて心臓を悪くし、血糖値を乱高下させて肉体に傷を負わせ、脳の記憶機能にまで障害を与えます。パワハラ上司には指一本触れられないのに、自分の体には有害な結果を残すのです。

なんともワリに合わない話ではないでしょうか?

怖がると行動がおかしくなる

要するに、こういうことです。

「怖くなると、人間の行動はおかしくなる」

ＨＳＰであってもなくても「人の顔色をついうかがってしまう人」や「怒られることに敏感すぎる人」の最終目標とすべきは、

「怖がらなくなること」

につきるのです。もちろん、それが難しいのだと言われるのは承知しています。本書では、そのための考え方や方法論を提供したいのです。

まずここで押さえておいてほしいのは、「怖がると行動がおかしくなる」ということです。この点では、知的な人でも「心が強い人」でも「心の弾力性に富んだ人」でも同じことです。能力は関係ありません。脳の機能として

「怖い思いをすれば、３Ｆの選択を強烈に促される」

のです。しかし、現実社会で３Ｆは選択できません。選択できたとしても、異常行動です。でも、選択しないままでも困り果てるでしょう。だから、行動が不適切になってしまうのです。

そして、この「不適切行動」を選択しているという意味では、パワハラする上司や乱暴な物言いをする同僚や家族なども「同じ」であることを見過ごさないようにしてください。パワハラも乱暴な言動も、いずれも「ファイト」です。つまり彼らもまた、扁桃体モードに入っているのです。

扁桃体モードに入るのは、強い恐怖や不安の表れです。ということは、彼らはまちがいなくなにかを怖がっているわけです。

かつてのわたしのように、なにかにつけて他人におびえ、顔色をうかがって生きている人間は、相手の扁桃体モードを恐れ、ファイトを仕掛けられて、やむをえず自分も扁桃体モードに入っていくわけです。外側から見ればそれは

扁桃体モードvs.扁桃体モード

にほかなりません。これによってお互いがますます恐怖を募らせ、ますます烈しく戦闘（または死んだふり）を繰り広げるしかありません。

上司に叱られている真っ最中に、この構図に気づくのは難しいかもしれません。しかし、これは紛れもない事実です。上司は怖がっているのです。

上司の叱責を恐れないようにするのはムリでも、上司がじつはおびえているのであって、その恐怖をエスカレートさせるほど叱責がひどくなるということがわかれば、たとえＨＳＰの人であっても少し違った風景が見えてくるのではないでしょうか。

コルチゾールで問題解決!?

それでも、ただこれだけであれば、いまのように「怒られるのを極端に怖がる人」や「つい部下にパワハラしてしまう上司」などがこれほど多くはならないでしょう。なぜなら、あまりにも意味がなさ過ぎるからです。扁桃体を活性化してみても、反撃はできないし、逃げることもできないし、死んだフリをしても意味がないのですから、むなしいかぎりです。

上司にしても、部下がミスばかりしてプロジェクトの進行に不安を感じるからこそ、扁桃体モードをマックスに活性化し、顔も真っ赤にして怒鳴り散らすのかもしれませんが、効果はゼロに等しいでしょう。部下は死んだフリをするだけです。

なのに、どうしてわたしたちは扁桃体モードに入るのをやめられないのか？　考えてみると、ちょっと不思議ではありませんか。

その答えの1つは「コルチゾール」にあるとわたしは考えています。コルチゾールは、副腎皮質から分泌されるホルモンの一種です。めずらしい物質ではなく、薬局でふつうに入手できます。炎症を抑える働きがあるので、ステロイド系の薬として、もちろんさまざまな症状への治療にも使われています。ストレスを受けたときに、分泌が増えることから「ストレスホルモン」と呼ばれることもありますが、まさに脳が扁

▼ 脳が扁桃体モードになるとコルチゾールの分泌が増える

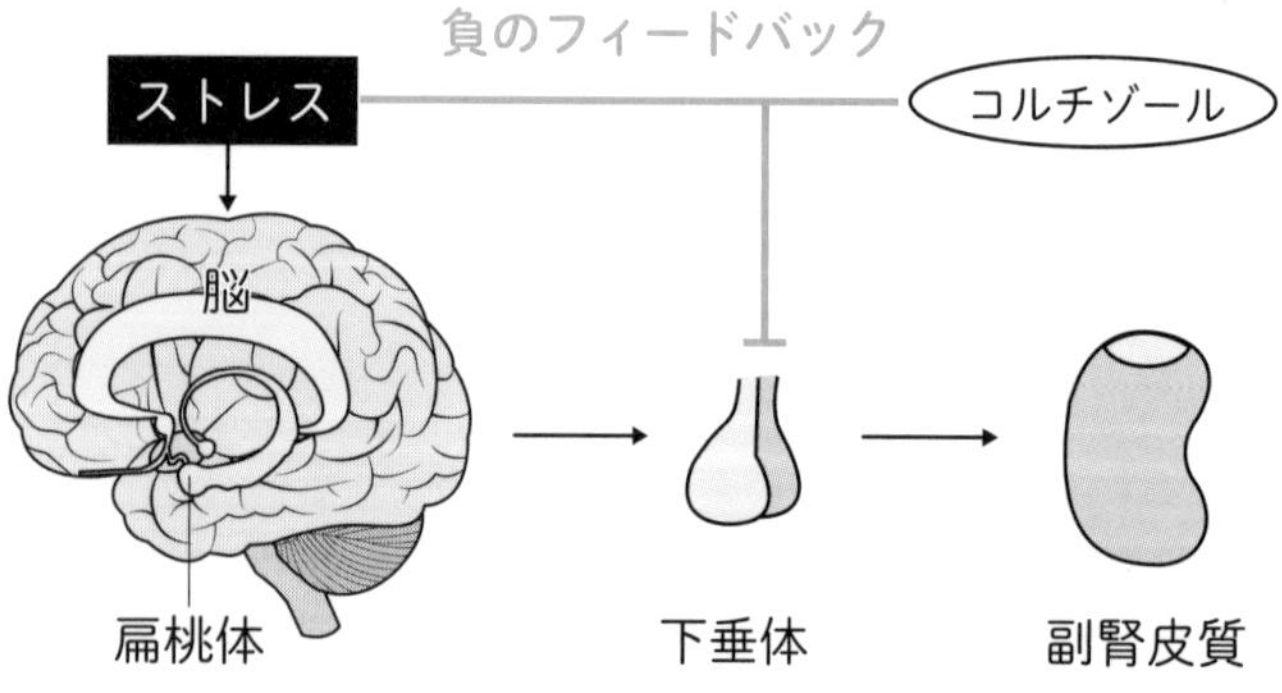

桃体モードになると体内の濃度が高くなるのです。通常は、コルチゾールの濃度が高くなりすぎないように、脳のネガティブフィードバック機構によって分泌が抑制され、濃度を低く一定に保つよう、制御されています。

おもしろくもない説明が少し続いてしまいましたが、要はコルチゾールがいつも高濃度であっては人体に毒なのです。ということは、いつもいつも扁桃体が活性化されどおしではダメだということです。

コルチゾールは体内に必要なものです。いつも低濃度で体内にあります。それが3Fのように、一時的な危機的状況においては、必要に応じて高濃度になります。

あくまでも推測の域を出ませんが、コルチゾール濃度が高くなると、肉体面ではたとえば動悸が速くなり、心理面では「問題解決志向」が強くなるように感じられます。このとき、個人差があるとは思いますが、「悪者を処罰してスッキリしたい！」という気持ちに支配されることがあるのです。

HSPの人だけでなくだれしも、恐怖や怒りの「扁桃体モード」にとらわれるというのは非常に不愉快なものです。あくまでも主観的な感覚ですが、わたしでいえば、頭のまわりが熱中症のように熱く重苦しくなって、胸に鈍痛を覚え、手足の先は冷たくなります。しかも、そんな不快感が「一生にわたって続きそうだ」という不合理な思考に支配されてしまうのです。

　不合理な思考は続きます。


「こんな不愉快で屈辱的な感覚を強いているのは、目の前で自分を叱りつけてきた人間だ！　こんな人間とはとても一緒にいられない」

「なんとかして、この人間を心のそこから反省させ、自分のやったことを思い知らせてやりたい。自分にはそれをする権利があるはずだ！」


　こんな感じの気持ちが自分の心を埋めつくします。

　けれども、相手に思い知らせる「権利」を行使できることは、人生ではまずありません。すると、この怒りが自分に向かってくるのです。


「そもそもこんな気分に自分がなったのは、叱られたからだ！」

「だとすれば、叱られるようなことをしでかした自分がすべて悪いのだ！」

「目の前の人間に不愉快と屈辱の代価を支払わせることができないなら、おまえは一生かけてこの屈辱をなめ尽くして生きていくしかなくなる。本当にひどい損害だ！」

こうして、「相手」を徹底的に罰するか、さもなければ自分が永遠に苦しみの中に置かれるかの二者択一を迫られているような気持ちになります。こんな強烈な葛藤の中、空想の中で完膚なきまでに仕返しすると、「ものすごくスッキリする」ような気持ちになるのです。

これが「処罰感情」です。実際には行使できない「処罰感情」が、「それならば」というわけで自分に向かってきてしまうのが「繊細さん」の苦しみなのだと、わたしは考えるのです。

少し先走って、1つの結論をここで伝えておきます。

「処罰感情をだれにも、とくに自分には決して行使しない」

そう決めれば「繊細さん」の苦しみはじつはすべて消え失せます。そのためには、「自分のことも、怒った相手のことも、ほかのだれのことも、決して悪者にしない」ことが、なににもまして優先されねばなりません。

ひと言でいえば「だれも、もちろん自分も、真の悪人でも愚物でもない」のです。

警戒にはコストがかかっている

警戒するにはコストがかかります。というのも、他人を警戒するのは扁桃体モードでなければできません。これはわかりやすい話だと思います。鹿がサバンナでは警戒するように、わたしのような人々はオフィスで警戒するわけです。扁桃体を活性化させ、いつでも闘えるように、逃げられるように、それがダメなら死んだふりができるように、身構えているのです。これが「顔色をうかがっている」という状態にほかなりません。

けれども、結論からいえば、こうしているうちにも、わたしは自分の身心を責めさいなんでしまうのです。どこからどうみても、これはなんとかしなければなりません。

わたしは、この不毛な苦しみのことをよく知っています。他人の気配におびえ、なにか言われても黙ってやり過ごし、心の中でぎゃふんと言わせる「脳内劇場」を繰り返していました。いま思い起こせば、ちょっと不思議な話ではあります。だれのことに対しても、少なくとも内心では、烈しく小突き回し、ときには殴り倒していたクセに、わたしは自分のことを「ひどく気弱で、ただおびえ続けて生きている」としか思っていなかったのです。

考えてみれば、そんなに「弱い」とは言いがたかった気がします。少なくとも、「心の中」ではなかなかに暴力的でした。考えようによっては、本質的に乱暴だと言ってしまってもいいような気がします。議論の余地はあるでしょう。

なによりも不思議だったのは、「この劇のコストを無視していた」ことです。すなわち、脳内でどれほど暴力的になっても、「だれもいっこうに傷つかないから問題ない」と信じ切っていたのです。

夢の中では流血騒ぎがほぼ毎晩繰り広げられていました。悪夢とは、わたしにとってはハードボイルドで自分が主人公を演じることです。これについても、わたしの見解はなぜか同じで、「だれも傷つかないのだから、問題はなにも起きていない」というものでした。

しかし、わたし自身の傷はどうなるのか?

血が流れているのは自分の心の中の出来事だから「だれも」傷つかないというロジックは、いささか奇妙なもののようです。

殴ったり、ときには殺したりしていたのは、たしかにわたしでした。しかし、その被害者だって「わたし」のはずです。ないしは、「わたしの心」のはずです。ここにはコストがあったのではないでしょうか？

じっさい、こうした「悪夢」から目が覚めたときには、心臓が高鳴り、体温が上昇し、真夜中に跳ね起きてゾッとしたものです。コルチゾールが要りもしないところで大量に分泌されていたのです。

そして、いまもまさに「他人の顔色をうかがって」いるようで、じつは自分の心の中で相手を罵倒しているあなたの「心」はコストを負わないで済んでいるといえるでしょうか？

わたしは「だれも傷つかないから」という理由で自分を殴り続けているうちに、非常に抑うつ的になっていったのです。ちょうど40代の中ごろのことでした。

恐れや怒りは、自分の身を守ってくれないどころか、自分を傷つける

たいへん幸運なことに、ちょうどこのころ、倉園佳三さんが刊行された『グッドバイブス』（インプレス、2019年）に出会うことができ、怒りと攻撃について決定的な方針転換を決断できました。第1章で述べたように、時間管理やチェックリストをどれほど駆使しても仕事関係で生じるトラブルや家庭内不和を「ゼロ」になどとうていできないと、わたしが途方に暮れていた年に刊行された本です。著者の倉園佳三さんとは、すでに「GTD」や「iPad仕事術」などライフハックつながりで顔見知りでした。その倉園さんによれば「9年ぶりに出した本」が、ちょうどわたしの行き詰まりを打破してくれる形になったのです。

『グッドバイブス』の発想のベースには仏教があるようにわたしには読めました。同時に、「精神分析」的な要素がふんだんに混じっていて、『グッドバイブス』の思想に触れるうちに、気がつけば『「甘え」の構造』をはじめとし、フロイト著作集など数多くの「精神分析」関連書物を再読している自分に気づきました。

倉園さんは、本の中で次の旨を明言していました。

「怒りとは不安に対する防衛の意味からもつ感情で、現実には不適切な行動を生み出すばかりでなんの役にも立たない」

わたしは、まさにそのとおりのことを考えていたにもかかわらず、どうしても「怒れない自分へのコンプレックス」を脱することができずにいたのです。

そもそも40半ばにもなって、他人に対してはっきり怒りを示すこともできず、うまく交渉する自信もないのに、ただただ対人恐怖をのさばらせては自分を責めさいなんでいたところで、物事が好転するはずがありません。

少しこわもての他人を知覚しては扁桃体を活性化させ、恐れ、他人に対して身構えるが、けっきょくは自分を攻撃するだけで終わる。

このパターンに終止符を打つ必要があることを、『グッドバイブス』は説いていました。しかも、倉園さんは根本的なところにストレートに切り込みます。無理解な人とだけは距離を空けるとか、イヤなことはイヤだと言い返すとか、必要なときには怒りを表すとか、攻撃をかわすコミュニケーション術を磨くとか、レジリエンスを身につけるといった、非現実的な戦略や不可能なスキルアップは『グッドバイブス』にはなにもありません。まっすぐ「恐れと怒りを手放すこと」を求めていました。なぜならば、恐れや怒りによってでは、狙った効果はあげられないからです。すなわち、自分の身を少しも守れないどころか、逆に自分を傷つける結果に終わるからです。恐れや怒りと深く関わっている扁桃体の活性化が、現実にはわたしになんの有効性ももたらさなかった事実を指摘していました。

「他人の顔色をうかがって」いたのは、けっきょく、自分の身を守るためだったはずです。しかし、いくらそんなことをしていても少しも自分の身を守れていないのではないかと、倉園さんは指摘したわけです。それならば「顔色をうかがう方針」は望みの結果をもたらさないのだから、捨ててしまったほうがいいのではというのです。わたしは自分の長く苦い経験から、これに同意するほかありませんでした。

わたしはｆＭＲＩをもっているわけではないから、自分の扁桃体がいまどのようになっているのかを画像で確認するわけにはいきません。しかし、主観的な感覚から、扁桃体がいつ活性化するかはわかります。『グッドバイブス』を読んで以来、これを監視するようにしたのです。要するに、「ビクッとしてカッとなった」ときには、必ずこう自問するように習慣づけました。

「この膨大な怒りを相手にぶつけるか、もしくは自分にぶつけるかすることで、わたしが恐れていた事態を回避するのにわずかでも役に立つだろうか？」

すでに1000回以上はこの自問を繰り返してきましたが、答えが「イエス！」であったことはただの一度もありません。それでもまだ「怒り」を完全に手放せたとは言えないあたり、扁桃体という器官のキツさを実感します。でも、いまではようやく「人を見れば顔色をうかがう」迷路から抜け出せつつあるとは断言できます。

扁桃体とは、そもそもが過酷な自然界を生き抜くためのサバイバル器官です。敵に一撃を食らわせる。一目散に走り去る。死んだフリをしてなんとかごまかす……一瞬が勝負の世界において、瞬発的に活躍する身体機構です。生きるか死ぬかが問題になっているときだけ動けばいいシステムです。じっくりと使い尽くすようなものではありません。現代の社会で多用するようなものではないのです。

第3章

解決に必要なのは「甘え」である

ここまでで、「おびえることの脳科学」をざっと見てきました。ただ、これはたいていの哺乳類に当てはまるような話でしかありません。

本書はすでに述べたとおり「人の顔色をついうかがってしまう人」を読者対象としています。ＨＳＰや発達障害と呼ばれる人のなかでも、そういった人はいるでしょう。

では、そもそも「ＨＳＰなど、つい人の顔色をうかがうような人は、なぜそんなに扁桃体が活性化しやすくなっているのか？」を問わなければなりません。

わたしはその理由を、やはりよく言われるとおり「養育歴」や「教育歴」に見いだせると思います。もちろん、同時に「遺伝子」にも見いだすことができるでしょう。

そもそも、「扁桃体が活性化しやすい身体的特徴」をもっているのかもしれません。

けれども、それだけではないでしょう。

もともとＨＳＰは、日本ではごくあたりまえの性格だった？

よくＨＳＰの特徴として挙げられる「周囲の微妙な変化によく気がつく」とか「他

人の気分に左右されやすい」とか「とても良心的である」などというのは、日本人、それも日本の女性の、古くは「美徳」としていわれてきた性質に合致しているところが私には気になるのです。「些細なことにもびっくりする」などもそうでしょう。

こんな系統の話にはむしろ不快感を抱く人が、いまでは女性に多いかもしれません。わたしがわざわざ「古くは」と断ったのは、まさにこれが「昔の美徳」と考えられていたように思うからです。

仮にこれらが「旧式の日本人の美徳」であったとして、なぜそれがいまになって「HSP」などという外来の「個人的特質」として登場してきたのか。

わたしが考えるに、もともと、特に「HSP」は、日本ではごくあたりまえの性格だったと思うのです。だから、特別な性格としての名称がないのです。

しかし、欧米では違ったのでしょう。能力主義、個人主義、そして独立者としての尊厳が尊ばれる文化圏では、「些細なことにもびっくりする」ようでは、非常に「生きづらい」と思われます。けれども、これが遺伝的特徴でもあるとすれば、アメリカにだってイギリスにだってこうした人はいるはずです。ついに、そうした「妙に良心的」で「自他の区別がつきにくく」て「すぐびっくりする」人の生きづらさが、海の向こうでも問題となった。そして、「ハイリーセンシティブパーソン」などと呼ばれるようになった、ということなのではないでしょうか。

では、なぜそんな日本ではめずらしくもない性格の人が、日本の社会でも「生きづらい」といって、たとえば「ＨＳＰ」としてカミングアウトするようになったのでしょうか。

ここにねじれがあるわけですが、日本社会が急速に「進歩的」になって、欧米化が果たされつつあるからではないでしょうか。わたしは、それが悪いことだとは思いません。しかし、この急速な変化についていくことができず、つらく感じるようになった人がいてもおかしくはないと思うのです。

まとめると、こうなります。

欧米でも少数ながら生息していた「昔の日本人のように良心的で内向的な人」は、「ＨＳＰ」などとして、その生きづらさを訴えるようになった。

そして、日本ではもともと多かった「昔の日本人のように良心的で内向的な人」が、急に生きづらさを自覚しだし、「ＨＳＰ」などとして訴えるようになった。

このような流れのなかに、わたしたちはいるのです。

安全な「居場所」を求めて

どれほど「いまの時代が生きづらい」からといって、令和時代になっていまさら「古き良き日本を取り戻そう」としても現実的ではありません。それよりも、そもそもかつて日本社会にたくさんいたであろう「HSP的な、良心的で内向的な人々」はどんなふうに過ごしていたのかを参考にするのがいいでしょう。

昔から彼らは「人の顔色をうかがってきた」でしょうし、「叱られることを過敏に恐れていた」にちがいなく、昭和どころか大正、明治時代に「パワハラめいた恫喝をする上司」がいなかったはずはありません。しかし、いまから50年くらい前の日本社会には

「安全な居場所」

というものがあったのです。このことの重要性は、言い尽くせないほどです。日本社会においては、「安全な居場所」によって、HSP気味の人々や、「発達障害気味の人々」すらも、守られていたのです。

どういうことかというと、わたしたちのような一般人がもっとも恐れることは「居場所をなくすこと」なのです。

まずかんたんにイメージしていただくために、このことを的確に表したコミック『さびしすぎてレズ風俗に行きましたレポ』（永田カビ、イースト・プレス）のワンショットをご覧ください。

▼永田カビ『さびしすぎてレズ風俗に行きましたレポ』(イースト・プレス)

この「何があってもわたしを認めてくれる居場所」こそが、かつての日本人がもっていた「甘えられる場所」というものなのです。ここから放り出されるということは、まさに崖から突き落とされるようなもので、警戒マックスの扁桃体モードに入ってしまって当然です。

人間、とくに日本人の場合、上司から怒られることでもたらされるものは、命を狙われる不安でも、食べられてしまう恐れでもありません。「コミュニティに所属する資格を剥奪される」という恐怖です。

そもそも日本社会は、「コミュニティに所属する資格」など「ふつうは問われることがない文化」でした。それがいつしか、それも急速に、「給料の分だけ働けないものに居場所はない」などという過酷な条件がつくようになって、パニックに陥った人々がＨＳＰだとわたしは考えているのです。

もちろん、旧来の日本社会とはいえ、この世に生きるすべての人を甘えさせてあげるほどには「人に優しい文化」だったわけではありません。それどころか、「内と外」の区別にうるさく、「ウチの人なら何があろうとだいたい認めてあげるけど、ソトの人にはひどく冷淡」なところがありました。その「内と外」は、まさしくローカリズムで、「屋根の内と外」を1つの大事な基準とみなしていたのです。

そのへんの事情については、中根千恵さんという社会学者がくわしく分析していま
す。とくに古来から、日本では「九族皆殺し」とはいわず、「一族郎党皆殺し」が慣習的な言い回しになっているという指摘には感心させられます。「一族」は血縁者であるから「全員に責任を負わせたい」としても、「郎党」はたまたま同じ屋敷に住んでいるだけの、いわば「使用人」であって、戦争の責任などはないはずです。けれど、わが国では「同じ屋根の下に住むものはとりあえず仲間」とみなされるのです。

日本人にとって、「居場所」は本当に大事なのです。「場所のウチ」にいる人なら、「賃金分の働き」などとうるさいことを言わず、なるべく無条件で、窓際でひなたぼっこばかりしていても、何とか「居る資格は奪わない」ような仕組みを必死で支えてきました。ようするに、「屋根のウチの者は甘えていられる文化」でした。これが日本における心理的安全のための決定的な装置であり、「時間にルーズ」などの「個性的なふるまい」をある程度までは許容し、失敗して叱責されることはあっても、「心から反省している様子」さえ見せれば、決して所属組織から投げ捨てられることはない安心感をもたらしていたわけです（この、「心から反省している様子」をうんぬんされるという点に、ひどい屈辱感を感じていた人は少なくなかったかもしれません。しかし、苦渋の表情を示し、心から悔いていると表明さえすれば、まず失職に至らないというのは、考えように

よってはとても「甘い」といえるでしょう）。だからこそ「ＨＳＰ的な、良心的で内向的な人々」が、ドアをバタンと閉める音を聞いたり、機嫌の悪そうな上司の顔を見ても、一時的に怖くはなったでしょうが、「自分はここに居ても大丈夫なんだ」という気持ちまでは失わずに済みました。

以上のような「古き良き日本」の、いちばん必要な部分だけ、いまの時代にも残して活用しようというのが、本書の最終的なねらいとするところなのです。

叱責恐怖症の人は、「甘え」は許されないと信じている

ここで、「甘えられる場所」についてもっと踏み込んでみましょう。

「甘え」といえば、わが国にはなんといっても大ロングセラーである土居健郎さんによる『甘えの構造』（弘文堂）があります。この本のくだくだしい説明はさておき、そこで「甘え」がどう定義されているかをまず見ておきます。

「甘え」は親しい二者関係を前提にするとのべた。一方が相手は自分に対し好意を持っていることがわかっていて、それにふさわしく振舞うことが「甘える」ことなのである。ここで肝腎なのは相手の好意がわかっているということである。

たとえば、職場でなにかミスをしたというケースを考えてみましょう。職場が「甘えられる場」であれば、申し訳ないことをしてしまったという罪悪感を抱いたとしても、立ち直れないほどの心理的ダメージを受けるには至りません。というのも、「相手の好意がわかっていて、それにふさわしくふるまう」ことが十分に可能だからです。たとえば、そのふるまいとして「心からていねいに詫びる」といったことがあるでしょう。職場の同僚や上司の好意がわかっていれば、好意的であるからこそ申し訳ないと思うかもしれませんが、心の痛手はそれほど重大なものにはならないはずです。「詫びればわかってもらえる」でしょうし、だからこそふさわしいお詫びの言葉も容易に見つかるはずです。

ここで肝腎なのは、まさに「相手の好意がわかっている」という点です。おそらく現在の日本の職場であっても、関係者がすべて好意的であるとわかっていれば、このような「甘え」が成立するはずです。しかし、少なくとも現代社会で叱責恐怖症で顔色ばかりうかがっている「繊細さん」は、以上のようなわけにはいかないと感じるはずです。なぜならば、「甘えは許されない」からです。それはどういうことかというと、

「相手の好意がわからない」
「相手は少しも好意的ではない」

といった「場所」で仕事をしているからです。そんな場所でミスをしでかせば、不安を越えて、強い恐怖に襲われるでしょう。「詫びればわかってもらえる」なんて、とんでもないことです。ミスをしたのだから、やることとしては、甘えられる場合と同じように「心からていねいに詫びる」しかないかもしれません。けれども、それは「相手の好意を知ったうえでのふさわしいふるまい」（つまり甘えたふるまい）ではあるかもしれませんが、相手が好意的かどうかがわからないか、もしくは相手が好意的でない場合には

「さらなる烈しい激怒と叱責」

を招くだけかもしれません。

本当に怖いのは、怒られることではなく、自分が守られていると感じられないこと

かつて土居さんが『「甘え」の構造』を著した昭和40年代の中ごろは、甘えは決して悪いことではなく、少なくとも必要なものでした。

> 要するに人間は誰しも独りでは生きられない。本来の意味で甘える相手が必要なのだ。自分が守られていると感じることができなければ、ただの「甘やかし」や「甘ったれ」だけでは、満足に生きられない。

この一節は、まさに現代の「繊細さん」について述べられていることのように思います。土居さんは、「甘やかし」も「甘ったれ」も、「本来の甘え」とは似て非なるものであって、相手の好意こそが肝腎なのに、それが欠けているから無理やり好意があ

るかのように見せかけようとするときに出てくるものとしているのです。

こうしてみると、徐々に明らかになるとおり、本当に怖いのは「怒られること」ではないのです。HSP気味の人が本当に気にしていることは

「所属しているはずのコミュニティにおいて、自分が守られているとは感じられない」


という不安なのです。

そう考えれば、「ピリピリした職場の雰囲気」や、「ドアをバタンと閉める大きな音」や、「隣の同僚が怒られていること」までも「不快で不安にさせられる」理由が見えてくるでしょう。これらのいずれも、「自分が怒られている」わけではありません。雰囲気や音によって直接の被害をこう

▼本来の甘え、好意のない甘えのフリ

	自分が相手を	相手が自分に
本来の甘え	甘えさせる	甘える
好意のない 甘えのフリ	甘やかす	甘ったれる

むることもないはずです。

ピリピリした雰囲気などに居心地の悪さを感じてしまうのは、「甘えられない場所」だからです。職場の同僚すべてと相互に好意があることがわかっていて、たとえば年度末などで追い込みが必要だというのであれば、むしろ「ピリッとした雰囲気で仕事がはかどる！」と感じることもできるでしょう。空気そのものの問題ではなく、コミュニティと自分との相互の関係こそが大事なのです。

繊細さんの静かな怒り

第1章で見たとおり、恐怖心に駆られるということは扁桃体が活性化しているということであり、副腎によるコルチゾール濃度が高くなっているということです。この状態は、動物ならば攻撃的になります。3Fの1つである「闘争モード」に入っているからです。

一般に「繊細さん」は「怖がり」なのであって、「怒りっぽい」人とは対極のようですが、その心をていねいに見ていくと、おそらく「静かな怒り」を胸に秘めています。というのも、言ってしまえば「甘えられない」のは腹立たしいことです。赤ちゃんであれば、母親に甘えられないと事情がわかれば、母親を憎悪します。人は1人では生きられません。職場とは、1人で仕事をするところではないからこそ、職場なのです。せっかく組織のために精を出しているというのに、その組織のメンバーが好意的でないというのは、怒りに値します。

繊細さんは、もしかしたらビクビクしながらも怒っています。怒りの原因は、おもに次の3つでしょう。

・居場所を奪われることへの恐怖と怒り
・失敗や無能力者としてさらし者にされる羞恥心
・失敗（察することに失敗）した自分への罪悪感からくる嫌悪感

こうしてみると、たしかにこれらは、もともと日本人が家族や会社に抱きやすい感情だったことがわかります。

いまでも多少は残っていると思うのですが、たとえばわたしが小学生だったころなど、日本の学校ではなにしろ「一体感」というものをいささかヒステリックなほど強調していました。クラスなどでちょっとしたトラブルがあると、担任の先生は口癖のように

「これはクラスみんなの問題だ！」
「クラスの雰囲気がよければ、こんなことにはそもそもならないものだ！」

などとお説教していました。わたしなどは、聞きながら「これは宗教の一種なのではなかろうか」と考えこんだものです。

下校中のケンカやいたずらなど、わたしの家から数キロも離れたところで同級生が起こした事件に関わりがあるはずもありません。そもそも、起きたことを知ること自体が不可能です。それでも関係があるという。それも、「阻止しようと思えばそうできるほど、深く関係がある」というのです。つまり、それは蜘蛛の巣のように、目に見えないネットワークで「つながって」いて、何キロ離れていようと、目に見えなかろうと、感知できなければいけないと言っていたのでしょう。

学校ですら、こうした「一体感」がモラルとして称揚されていたのです。まして、

会社がそうであるべきなのは言うまでもありません。仕事ができない社員がミスをしたとしても、それは「会社全体の問題」のはずですし、「社員みんなの雰囲気がよければ、そんなことは起こらない」はずです。しかし、現実にはミスは起こる。昔の日本の会社ではそんなとき、どのように対処されていたのでしょうか？

職場でみんなの悩みの種の人がいるとします。仕事のミスが多いとか、みんなに嫌われるようないろいろな不始末をしているとか。そういうときに、それを誰が本人に、みんなが迷惑をしていることを伝えるかというと、誰もいない。嫌われ者になるのがいやで、相手に不愉快な思いをさせるのがいやということもあるが、日本人はよく言えば気がやさしすぎる面がある。相手が聞いてショックを受けたり、がっかりするだろうと思うと面と向かって相手に言わない。

これは、小此木啓吾という人の書いた『シゾイド人間―内なる母子関係をさぐる』（1980年、朝日出版社）からの引用です。まさに、わたしが小学生だった時代の日本とは、こうした社会だったわけです。

「繊細さん」はそのころ、そこら中にいたわけです。ミスが多くてみんながイヤがっているのに、本人にそれを言える人はいない。まさに、繊細さんの集団です。

その繊細さんたちが恐れていることは、自分には言えないことです。つまり、ミスが多いと「指摘される」ことであり、人に「迷惑をかけている」ことであり、要するに「集団から受け入れられていないことを知る」ことなのです。「甘えるに値しない自分」を発見してしまうことです。

では、その繊細さんに言ってはならないことを言うとどうなるか。言うまでもなく、怒るのです。

自分に率直に忠告してくれた人を怨んだり、企業の中でいえば「自分はマゾヒスト的に権利も主張せず献身的にやっていて、いずれはみんなが評価してくれるだろう」と思っている。ところが、評価されずに、昇進は期待はずれに終わったというときに、深い怨念が生じます。

日本人の攻撃性は、そういった陰にこもった怨みのような気持ちが強い。

1980年から、すでに40年が経過しています。いまは昔とはちがいます。いまは「仕事のミスが多い」とか、「みんなに嫌われるようないろいろな不始末をしている」

とかいった人にだれもなにも言わないほどには、みながみな繊細さんではなくなりました。面と向かって平気で指摘する人もいる時代です。だから「繊細さん」は、最初から一体感がもてず、はじめからおびえているわけです。そんなふうに自分をおびえさせる「職場」に対し、静かな怒りを抱いているわけです。

怒りに怒りを返さずに「甘え」させてみよう

ここまでで、叱責恐怖症の繊細な人々が、なぜそれほどまでに対人関係や職場で落ち着かないかを確認しました。脳内で起きていることや生理現象は、第1章で見たとおり、扁桃体の活性化が起き、コルチゾール濃度が高くなっているのです。

その生理現象が生じる原因は、HSP気味の人には安全な居場所がないからです。もともと日本には、「ウチの者を甘えさせる文化」がありました。職場や家庭などの「居場所」とは、心理的な安全装置として機能していました。しかし、いまや職場はそんな場所ではなくなってしまいました。だから、もともと日本にはたくさんいた

「つい人の顔色をうかがいがちな人々」は、いつ自分の居場所を失うかもしれないとおびえているのです。

そして、自分をおびえさせる人たちに対して怒りも覚えています。この怒りは、もちろん理解できるものです。日本人どころか、生き物はすべて、自分の生存を脅かすような相手に怒りを覚えずにはいられないのです。しかし、怒りに怒りをもって対応しても、相手の怒りが和らぐことはありません。お互いの嫌悪感はますますつのり、戦闘態勢になるだけです。お互いの闘争と逃走本能がむき出しになり、収拾がつかなくなります。

それよりも、「古き良き時代の日本人」にならって、わたしたちも「甘え・甘えさせる関係」を検討してみるべきです。さまざまな懸念が湧くでしょうが、ここではまず、ものは試しと考えてみてください。

「甘えさせる」とはどういうことか？

そもそも問題は、「組織という屋根をともにする会社員」であるにもかかわらず、「そこにいる人たちに甘えられないこと」なのです。令和時代に「組織に甘える」のは、もはや現実的でないと考えます。ですから、会社組織についてはいったん脇におきましょう。

それよりも、苦手な同僚もしくは上司を「甘えさせてあげる」のです。そうして「甘えられる二者関係」を早期に構築するのです。

ここであなたが「わたしが相手を甘えさせてあげても、相手がわたしを甘えさせてくれなかったら、なにもならないではないか！」と反応するとしたら、本書のテーマをとらえ損ねています。甘えとは、取引ではありません。甘えとは、「相互に好意があって、それにふさわしくふるまうこと」なのです。

ほとんどの場合、相手を甘えさせてあげれば、相手はその好意にふさわしくふるまうようになります。その時点で、「甘え」は成立するのです。つまり、「どちらが先に甘えさせるか」は争点ではないのです。どちらが先にしても、結果は同じになります。肝腎なのは、「好意」です。好意をもって接すれば、関係は好意的になるものなのです。

「でも、わたしの上司や夫はほとんど異常人格者なので、わたしから好意を示しても決して友好的にふるまわないはずです！」

というのは、繰り返しになりますが「好意」の意味を取り違えています。相手に好意をもってもらうために、自分は表面的な「好意を示す」というのでは、「好意的」ということにならないのです。

「わたしが好意を示せば、相手もそう出るだろうか？」

これでは「相手の出方をうかがいながらどんなカードを切るのが得か？」というようなもので、「好意的」ではありません。好意的とは、気持ちだけの問題であって、作り笑顔を浮かべるようなものではないはずです。

「けれども、本当の意味で、わたしは上司にも同僚にも夫にも、好意をもつことなんてできない！」

もしもあなたがこのように反論するのであれば、まさにここに出発点があります。

静かな怒りからフラットな信頼関係へ

問題の本質は、二者関係が決して「好意的」ではないことなのです。しかしどうして、あなたの目の前には「嫌悪感でいっぱいになる夫（妻）」や、「決して好きにはなれない同僚」や、「人間性を疑いたくなる上司」がいるのでしょうか？　あるいは、それしかいないのでしょうか？　だって、結婚した相手であり、努力して入った職場のはずです。そこにいる人たちが、そろいもそろって「極悪人」ばかりであるというのは、いったいどれほど不運なことでしょう。

もちろん、「最初はそんな人だとは思わなかった」ということはよくあります。長く時間を共有するうちに「本性が現れた」ということなのかもしれません。そういうことはありうるのですが、ここまで述べてきたとおり、わたしの意見は少しちがいます。わたしは、わたしたち令和時代の人間が

「他人に甘えてはならない」

という〝教え〟を厳しく守ろうとしすぎることが事態を悪くしていると思うのです。この「教え」を守ろうとするから、単に「好意的」になれないし、他人の「好意」が見えなくなっているのです。

結婚してみたら、配偶者は理想にはほど遠かった。
入社してみたら、同僚は怠惰な人だった。
部下として仕事をしていくうちに、上司の人間性に疑いを抱くようになった。

当然のことです。そんなことは、そこら中にあります。どこに行ってもそうでないなら、驚くほどラッキーだと思うべきでしょう。だからこそ、「甘え＝好意」が必要なのです。

上司や配偶者は、頼りにならない人間です。しかも、わたしたち自身は、そうした人に頼らずに1人では生きられない、「人間という生物」なのです。これが人間関係です。人間関係は、完璧にはほど遠いものです。現実はこうであるにもかかわらず、協調すらできなかったとしたら、みんな行き詰まってしまうに決まっています。

「甘えは許されない。個人はだれしもが、経済的自立と精神的自立を目指すべきである」

そう耳にタコができるくらい言われる時代になりました。つまりわたしは、この意見に反対なのです。だれもが本当に経済的、精神的に独立できているなら、組織の協力関係など要らなくなるでしょう。現実にはそうはいきません。甘えは必要です。たとえば、休みは必要です。「休むのは社会人として甘えている、ダメな人間だ」などと言われれば、ＨＳＰでなくても危機感を抱くはずです。生身の人間は、鉄人のようには働けないのです。

「甘える」「甘えさせる」とは、お互いの好意を再発見すること

この辺りの内容について、「とても納得がいかない」という方も多いでしょう。ここは大事なところですから、踏み込みます。

人が怖い。いつ怒られるかとビクビクしてしまう。顔色をうかがわずにはいられない。

それなのに、「相手を甘えさせろ」などというひどいアドバイスは聞いたこともない。

このうえさらに、自分を犠牲にしろというのか。

そういった反論があると思います。

わたしが本書の想定読者にオススメしたいのは、なんといっても

「いつでもどこでも即座に心からリラックスできるようになること」です。HSPであってもなくても、およそ「人の顔色をうかがう」人が望んでいるのはそういうことだと信じるからです。

「もちろんだ、でもそれがムリなんだ!」といった気持ちなのではないでしょうか。それを「ムリ!」にしているのは、ほかならない「自分自身の心」です。わたしが伝えたいのは、その点なのです。

私たちは、つい「環境に期待」します。それも、過剰に期待します。その結果として、「なぜか自分のまわりには」冷たい配偶者、横暴な上司、無神経な同僚など「ろくでもない人々」ばかりだと感じてしまうのです。

これは決して、たまたまそうなってしまったわけではありません。あえていえば、「あなた自身のものの感じ方」がそう見えさせてしまうのです。

急いで断りますが、だからといってあなたに責任があると言いたいのではありません。そうではなくて、可能性を検討してみてほしいのです。問題が「ものの見方」によるものならば、まわりの人は「本当に、客観的な意味で、ろくでもない人々」とは限らないわけですから、離婚や転職などかなりのエネルギーを用いざるをえない手段に訴えずとも問題が解消してしまう、すばらしい可能性が見えてきます。

反対に、もしも本当に「ものの見方」のほうに原因があったとしたら、転職して職場を移っても、離婚してほかの配偶者と一緒になっても、またしても「なぜか自分のまわりには」冷たい配偶者、横暴な上司、無神経な同僚など「ろくでもない人々」ばかり……ということになりかねません。この「パターン」は、「ものの見方」を変えないまま環境を変え続けても解決できないはずです。

繰り返しになりますが、「あなた自身に責任があるのだから、まわりのせいにせずに、ものの見方のほうを変化させよう」というような話をしたくはないのです。それどころか、あなたが「HSP気味」で繊細で優しく良心的な人であることについては、疑う必要はあまりないと思います。

しかし、「嫌悪感」というフィルターを通して人を見たとき、相手の行動が横暴で無神経にしか見えなくなるのは確かです。あなたの性格とはあまり関係なく、そうならざるをえないのです。

だから、「甘えさせる」ことがカギになります。真剣に目の前の人間を「甘えさせよう」としたとき、「嫌悪感」は必ず何よりも邪魔になるはずです。好意の抱けない相手を甘えさせることはできないからです。「好意をもたれている」と信じられなければ、甘えることもできないからです。

わたしたちは本当の意味で「甘え」を脱することはできない

「ナルシシズム」という言葉があります。精神分析の世界では多用される「専門用語」でもありますが、一般人が日常で口にすることもあるでしょう。日本語でいう「自己愛」です。

高名な精神分析家である小此木啓吾さんは、『自己愛人間』(筑摩書房)という書籍を刊行しています。それによると、人は戦争や大きな災害のような悲惨な事態に想像をめぐらせても、心の片隅で「自分だけは大丈夫」「自分が死んでしまうなんて考えられない」と思うところがあるといいます。そんなに大変な状況にあっても「自分だけは大丈夫」なんて、ちょっとこっけいではないかと思われるかもしれません。それこそ、「甘い!」と思われるでしょう。ここに大事なポイントがあります。

わたし自身、まさに「自分だけは何とかなる」と考えてしまいますし、多くの人がじっさいには同意するでしょう。これを書いているいまも、新型コロナウィルスで世界中が騒いでいます。しかし、確率のことが頭にあるとはいえ、やはり自分が罹患するとはあまり思えません。仮に罹患したとしても死ぬことはないと、根拠もなく信じています。まぎれもなく「基本的な自己愛」による心理作用なのです。

「根拠なく」といったように、このような「自己愛」は一種の幻想であり、状況によっては危険に働くケースもあります。けれども、小此木啓吾さんが「健康なうぬぼれ」と書いているとおりで、健全な自己愛なしに元気よく生きていくことは、困難あるいは不可能なのです。

この「健康なうぬぼれ」が、うつ病の人には欠けているとしばしば指摘されています。外に出れば新型ウィルスに冒されてしまうかもしれないし、交通事故に遭う恐れはそれよりさらに高いでしょう。だからといって、家から出るたびにビクビクしたり、なるべく人と出会うのを避けていたりすれば、交通事故に遭うよりもはるかに高い確率で神経症を患ってしまいます。つまり、健康な人はどこかで運命や人生に「甘えて」いるわけです。それを少し専門的に言うと、「健康な自己愛」といった表現になるのです。

なんとなくご理解いただけるでしょうか。本書の想定読者さんである「他人の顔色を恐れている人々」に欠けているのも、やはり「健康な自己愛」なのです。

人の顔色をうかがうとは、客観的評価におびえるのと同じ意味

大地震や地球温暖化が現実になっても自分だけはまあ大丈夫だろうといった「生死に関する自己愛」のほかにも、基本的な自己愛として

「自分に縁のあるものは、いいものだ」

という幻想的な思い込みがあります。

わたしが子どものころ、「うちの子に限って」というテレビドラマがはやっていました。当時、「いじめによる自殺」や「家庭内暴力」が新聞の社会面で大きく報道されていたのです。識者や文化人が「どんな家庭でもありえること」という警告のコメ

ントをつねに出していました。けれど、ほとんどの人は「そうかもしれないが、うちの子に限ってそんなことにはならないだろう」と考えるわけです。ドラマは、それを揶揄したタイトルをつけたともいえます。

「うちの子に限って」などと根拠もなく信じるのは親バカというものかもしれません。けれども、わたし自身、自分の娘を見ていると根拠もなく「この子の未来は明るいにちがいない」と思ってしまいます。そして、この種の親バカめいた「愚かさ」は、子育てするうえで欠かせないと実感します。

「甘え」を完全に脱するには、「完全な客観的評価」をする必要があります。「我が子だから特別」というのではなく、「偏差値が70あるから将来は明るい」といったように考えなければならなくなります。「我が社のためにはがんばれる」というのではなく、福利厚生の数字や純利益の金額や月間の残業時間といった「客観的指標」が必要になるのです。

もちろん、社員にしても「営業成績」や「時間あたりの生産効率」などの数値目標を達成してこそ、「自分に自信をもっていい」ということになるでしょう。「ワタシはワタシでいいのだ」などというのは、まさに「悪しき甘え」と蔑まれてしまうでしょう。人の顔色をうかがうとは、客観的評価におびえるのと、けっきょくは同じ意味なのです。

この「おびえ」から脱しなければなりません。そのためには、

「自分と自分に縁のある人々を無条件で厚遇する」


必要があると思うのです。無条件で厚遇するとは、つまりは甘えさせるということです。好意をもてない「条件」を意識してしまっては、うまくいかなくて当然です。「自分」のことは、根拠も理由もなしに好意をもつほかないはずなのです。

この「無条件」というのは、本当に大事です。相手のことだけではなく、自分自身のことも「無条件で甘えるに値する」という点を信じなければ始まりません。生まれてきたばかりの赤ちゃんは、「無条件で甘えた存在」です。「自分は自分を産んだ親と価値観が共有できているだろうか」とか、「自分の母親は教養豊かで細やかなニュアンスを理解できる感受性を持っているだろうか」などとは、ぜったいに考えないのです。

「自分は赤ん坊ではない」と思われるでしょうが、だから「条件」を細かくつけているうちに「甘えさせる」のが不可能なほど難しくなってしまったはずです。いいかえ

れば、他人に自然と警戒感を抱くようになって、相手の好意が少しも信じられなくなっているのです。

心からリラックスするために、「自分の時間が必要だ」という条件をつけていないでしょうか。そんな特別な時間などなくたって、わたしたちはいつでもリラックスできる生き物です。

「冷たい夫の醸し出す雰囲気の中」では安心して呼吸もできない、などと考え出していないでしょうか。そのような〝雰囲気〟を作り出せる装置は、あなたの「心」以外にないのです。

「教養豊かで価値観の合う相手」でなければ気持ちは伝わらない、という厳しい制約を設けていないでしょうか。

要するに、リラックスできる時間を減らし、呼吸できる空間を狭くして、話の伝わる相手をしぼっているのは、あなたの心なのかもしれません。

もしそうだとすれば、そこには希望もあります。なぜなら、いまは「リラックスするための時間」が足りないように思えても実際はそうではなく、本当の夫には呼吸ができない空気など作りだす能力はなく、価値観が違っていても話の通じる人はたくさんいるからです。

第4章

「甘え」を活かした仕事術

「健全なうぬぼれ」「健康なナルシシズム」によって他者を甘えさせることを、前の章で1つの目指すべきゴールとして提案しました。よけいな気遣いのない人間関係のために「甘え」が必要であるけれど、それが難しいようであれば「健全なナルシシズム」に訴えなければなりません。

ただ、どうしても問題になるのは、「自分が甘える」ことと「人を甘えさせる」ことのどちらを先にするかです。人間はどうしても「自分には甘い」ので、できれば「自分を先に甘えさせたい」ところでしょう。「繊細な人」は、とくにそう感じるはずです。

甘えさせる優先順の問題について、わたしも悩みましたが、「まず他人を甘えさせ、そうすれば自分が甘えられる関係が作れる」といった流れが、とくに職場では現実的だと考えます。

「自己愛」の基本は親子関係にある

「自分の」子どもだからといって特別にかわいく感じたり、人並み外れたところがあると信じたりする〝幻想〟こそが「健全な自己愛」だと前章で書きました。この種の〝幻想〟こそが、「他人を甘えさせること」や「他人に甘えること」を可能にするのです。そして「他人を甘えさせること」と「他人に甘えられること」こそが、「他人の顔色にビクビクしない」ために絶対に必要なことです。いまはまだ納得がいかなくてもかまいません。本書の主張はここにあるとだけ思っておいてください。

「だらしないのんだくれ亭主であっても、『わたしの夫なんだから……』という思い込みで妻が大目に見れるということもある」と小此木さんも書いています。令和時代にはいささか表現が古くさいと思われるかもしれません。けれども、このような「自己愛」が機能しないと、「自分の上司」なのだから少しはムリを聞いてあげようといった「上司を甘えさせるモチベーション」がなくなってしまいます。

「急でムリな仕事でも、わたしに頼んでくれれば大丈夫」
「少しくらい残業するのも、自分の会社のためだと思えば疲れない」

そう思えることが大事なのです。

「怒られたくないと恐れる人」の考え方は、これとは逆になる傾向があります。

「なぜわたしの上司は無能で、人に仕事を押しつけてばかりいるのだろう?」

「わたしはなめられているから、顔を見ればみんながイヤミを言ってくる」


そういった話になりやすいのです。まるで、マイナスの自己愛が働いているようです。

また、前章でお伝えしたとおり、「怒られるのが怖い人」は「本当のこと」や「客観性」に強くこだわります。他人の気持ちを忖度するのは、「本当はどう思われているのか」に関心をもちすぎてしまうからです。そして、この「本当のこと」へのこだわりが「健全な自己愛」を破壊してしまうのです。

「自己愛」の基本は、親子関係にあります。1歳ごろの幼児は、母親に抱っこされているときに、「お母さんは荷物を持っていて重いだろうから、本当はわたしのことを抱いていたくはないのだろうな……」などとは決して考えつきません。相当にIQの高い幼児であっても考えません。むしろ「お母さんもわたしを抱っこするのが大好きなんだろう!」といったとらえ方をしているはずです。それが「健全」というものです。

もちろん、「大好きだから抱っこしている」というのは幻想かもしれません。というよりも、幻想でしょう。しかし、「本当はどうであるか」など、この場合にはそれほど重要ではないのです。

弱い自分への過剰な防衛本能が、上司の腹黒さを「生み出して」しまう

いま「相当にＩＱの高い幼児」と表現しました。主観的な「思い込み」から抜け出し、状況を客観的に把握できることが必要だと、いまのわたしたちはしきりに促されています。つまり、「わたしの上司」のために頼まれたことを即座に引き受け、喜々として残業していたのでは、「現実」にはいいように利用されてしまうと言われるのです。「本当は」上司はあなたのことを「便利屋だ」と腹黒くほくそ笑んでいるというのでしょう。そして、たとえばＨＳＰの人などは、「ハイセンシティブ」を発揮して、その「腹黒いほくそ笑み」を感知してしまうということになるのだと思います。ＩＱの異常に発達した1歳児が「ハイセンシティブ」を発揮して「母親の疲れ」を感知することさえも可能だと考えられるのかもしれません。

わたしは、そのような発想は「健全な自己愛」を破壊した結果の「マイナスの自己愛」がもたらした弊害という気がしてならないのです。ここには、いつも「自信がない」を口癖にしている人にしては「本当のことがわたしにはわかる！」といった奇妙な自信過剰がうかがえます。同時に、「わからないまま」でいることに対する過度の恐れも感じられます。「弱い自分」に対する過剰な防衛本能が、上司の腹黒さを「生み出して」しまうとすらいえるのです。

「強い人間になること」を目指す必要はない

「怒られることが苦手な人」に、まず伝えたいことがあります。それは、「強い人間になること」を目指す必要はないということです。健全な自己愛を抱いている人が「強い人」であるわけではないのです。生まれたばかりの赤ちゃんや、生後2〜3歳くらいの幼児はたいてい、健全な自己愛を抱いています。そうした乳幼児のことを「強い人間だ」と思う人はいないでしょう。

「自分は大丈夫」
「自分のお母さんは特別な人」

そんなふうに思えるのは、あたりまえの心の、あたりまえの機能であって、特別な強さなど必要ないのです。

「弱い人間」や「物音におびえるような人」でありたくないと思ったら、「強くなる」ことより、「健全な自己愛」を育てる、あるいは取り戻すことが必要です。「取り戻す」というのは、だれだって最初は「健全な自己愛」をもって生まれてくるからです。

よくいわれるとおり、「子どもは親を選んで生まれることはできない」わけです。生まれてみたら運悪く母親は薬物依存症で、父親はすでにほかの女性と駆け落ちしているかもしれません。「予防」はできないのです。最初は親を「全面的に信頼」してこの世に生まれてくるしかありません。

だから、生まれてきたということは「健全な自己愛」を備えていたということです。現在のあなたにそれが備わっていないのならば、人生のどこかで失ったのです。しかし、もともともっていたものであれば、取り戻すことができるはずです。

「数字による根拠」は決して心を癒やせない

まずはシンプルに、「健全な自己愛」つまり「自分の甘えた気持ち」を許容しましょう。甘えとは、「必要なぶんだけ他人を頼る」ことです。「自分だけが他人に甘えたりできない」と、良心的なあなたは考えてしまうかもしれません。しかし、「甘え」が機能しない社会は、衰退または崩壊します。社会が動いているということは、人々が互いに甘えているという事実を示しているのです。

いちいち「客観的になって甘えを否定する」必要はありません。自分が卒業した学校はいい学校だし、自分の親はいい親だし、自分の会社はいい会社なのです。

偏差値や有給休暇の日数など「客観的数字」を持ち出して、「自分の感覚」をわざわざ傷つけるのはやめましょう。「自分の肉体」の、たとえば「血圧」がどういった数字であれ、「自分の肉体の客観的状態が悪いのであれば死んでもしかたがない」などとは考えられないはずです。

「自分」をひいき目に見て、「自分」を特別扱いするのは、「自分」の痛みや苦しみなどを引き受けざるをえないのだから、当然です。「自分のこと」には、「自分」が責任を引き受けさせられます。好むと好まざるとにかかわらず、そうなります。だから、「自分の関わること」を特別に扱うほかはないのです。

現代に生きるわたしたちは、やはり客観性を求めるあまり「プライド高く生きること」が半ば義務づけられています。だから「自分のこと」を特別視しにくいのはたしかです。

「自分に関わる物事」を特別視する「こっけいさ」を人から指摘されるのには耐えられません。「わたしの子だから特別さ」などと言っているのを人様からあざ笑われるのは恥ずかしいのです。そんな目に遭うくらいなら「自分の子の欠点くらい、先刻から承知しています」とおつにすませていたいのです。

肉親だけならばまだしも、わたしたちはややもすると、この態度を「自分に関わるあらゆることがら」に適用しようとします。結果として、先進国とはいえない恥ずかしい国の国民でなければならず、ＩＴに乗り遅れた恥ずかしい会社に勤務し、セクハラとパワハラ発言ばかりの恥ずかしい上司のもとで働き、家に帰れば家事と育児に理解のない恥ずかしい夫が待っているのです。なぜなら、ぜんぶ「自分に関わることがら」だからです。どうしてもマイナスの自己愛が働きがちです。

　こんなふうに思う努力を払い続けていれば、これよりひどい環境は想像もできなくなるでしょう。日々がつらく、腹が立って精神がすり減るばかりなのも当然です。

　もちろん「本当にすばらしいものであれば、わたしだって評価する用意はあります」と考えているのだとは思います。そして、ここでいう「本当にすばらしい」とは、「客観的に示された数字上の根拠」という意味なのです。

　わたしがこれに反対なのは、ここまでくればもう十分に理解してもらえると思います。「数字による根拠」は、決してわたしたちの心を癒やせません。わたしたちに必要なのは、甘えです。「自分自身と自分の関係者」を特別扱いすることなのです。「7時間31分28秒を家事と育児にシェアしてくれるからすばらしい配偶者」ではないのです。「自分の夫だからすばらしい」と感じられることがなによりです。

「自分の関係者」を甘えさせてあげられると、「自分」に大きな自信をもてる

ここから、「自分の関係者を甘えさせる」ための6つの具体的方法を提案しましょう。とうてい受け入れがたく思われるかもしれません。なにしろ、「他者を甘えさせる方法」なので、それでなくても「繊細な人」には心の負担になると感じられるでしょう。しかし、それは誤解です。やってみればわかりますが

「自分がひどい扱いを受けている」
「ひたすら犠牲になっている」

といった「思い込み」にとらわれなければ、「他者を甘えさせて」苦しむ結果になりはしないのです。

少なくとも、「自分の関係者」を甘えさせてあげられると、「自分」に大きな自信をもつことができます。このことを肯定的に認められれば、大変ではないどころか、大変だと感じていたのが不思議とすら思えてくるでしょう。

しかも、「まず他者を甘えさせる」ことができれば、必ず「他者に甘える」ことができるようになります。そのテーマは第6章で述べますが、

- 他者を甘えさせ
- そののちに甘える

という関係を成立させることで、「つい人の顔色をうかがってしまう自分」を完全に手放せるのです。

なお、これから述べる6項目については、何度でも「失敗する」ことができます。しかも、一度でもうまくいけば、それがプラスに転じます。失うものはなく、得るものばかりの、とても都合のいいやり方なのです。

1 即座に依頼に応える

まずなにより「甘えさせる」には、「間髪入れず」つまり相手を待たせず希望に応じます。水道をひねって数秒してから水が出るとか、リモコンを押して3秒後にテレビがつくなどという〝サービス〟に、人は我慢がならないはずです。相手を待たせてはいけません。応答に時間がかかるケースがあるのは仕方がないとしても、事情が許す限り瞬時に対応しましょう。

「それはとてもたいへんそうだ」「ハードルが高すぎる！」

というのはわかりますが、誤解なのです。上司に呼ばれてから100秒だけ休んだからといって、なんの意味があるでしょうか。家族の人から用事を頼まれたときでも、同じことでしょう。「このマンガを読み終わってからやる」ことによって、「なにか」が満たされるものでしょうか。

「やらない」のであれば、話はまったく別です。けれども、とくに会社では「頼まれたことをしない」という選択は難しいでしょう。

「やる」のであれば、「3分は待たせる」のをやめましょう。それは「嫌がらせ」と受け止められるリスクがあります。電子レンジのボタンを押してから「3秒後」にスタートするのですら、耐えられないのが人間なのです。

「即対応」といっても、威勢よく対応したり、元気よく対応したりする必要はありません。ムリに動く必要もありません。ただ単に、「即座に動く」だけです。もし今までこれをやっていなかったのであれば、間を開けずに身体を動かすだけでも、まちがいなく相手の心証は変わります。

「職場」において、「他人を甘えさせる」第一歩は

「どんな依頼であっても、原則として即座に集中して取り組む」

ことから始まります。これが第一歩であり、じつはゴールでもあります。苦手な上司であっても、横暴な配偶者であっても関係ありません。依頼される仕事や用事と、依頼主の人格は、本来は別のものです。

たとえばわたしはいま、この本の原稿を書いています。担当の編集者さんは幸いまっとうな人格者ですが、仮に性格に難があったとしても、わたしの書く原稿の内容にちがいがあるべきではないでしょう。相手の人格にかかわらず、わたしが必要な時間をかけ、集中して原稿を書くことが、結果として必ず相手を「甘えさせる」ことになるのです。

というのは、編集者であれ出版社であれ読者であれ、わたしに強制してなにかを書かせることは不可能だからです。書けないものは書けませんし、わたしが能動的に書

く気にならないものは本にならないのです。そしてよく考えてみると、周囲のあらゆる人間関係やサービスは同じ関係になっているはずです。

自分の子どもでさえそうです。わたしの娘は毎朝のように小学校に登校しますが、無意識だとしても、彼女が朝早く起きて学校へ行ってくれることをわたしは希望しています。彼女だって朝がつらいこともあるでしょうし、土砂降りの日にわざわざレインコートを着て出かけるのが面倒だということもあるでしょう。彼女が本気で不登校を決意すれば、わたしに強制できることはほとんどなくなるのです。しかし、彼女はほとんどの日、学校へ行く。わたしは、そうなることにどこか甘えているはずです。

こんなことをくどくどと述べてみたのは、「他人が本気になって拒否したら、それをやってもらうことなどほぼ不可能だ」という点に注意を向けてほしいからです。であればこそ、水道をひねると水が出て、スイッチを押せば電気がつき、ネットにアクセスすれば必要な情報が得られるというのは貴重なのです。甘えていられるわけです。

このようにしてみれば、「甘えていられない」ということは、ほとんど「生きていけない」に等しいということがわかると思います。わたしたちは、1人では生きていけません。ほかの人に仕事をしてもらわなければ生きてはいけません。家も水も電気も服もコンピュータも、みんなほかの人から供給されているのです。もちろんわたしにしても、本書を出すことができるのは、ほかの人に仕事をしてもらっているからです。この本でわたしがやったのは、原稿の文章を打ったことだけです。

「サービスを受けるだけのお金を払っている」のであって、ただで仕事をしてもらっているわけではないという反論もあると思います。つまり、「依頼に応えてもらう」のではなく、「取引をしているだけ」だという主張でしょう。これが徹底的な能力主義であり、いわゆる「新自由主義的」な考え方です。悪い考え方だとは思いません。

しかし、ふり返ってみてほしいことはあります。自分が仕事した「対価」を受け取り、それを「支払う」ことによって生きていくだけであり、甘えも依頼も依存もいっさい不要だということであれば、「お金がない」人は生きていくことはできなくなるし、自分も「お金」がなくなれば死ななければなりません。「まさに世の中はそういうもので、自分はそれでいっこうにかまわない」という人が「他人の顔色を気にする」とは思えません。

つまり、甘えたり依頼に応えたりするのがイヤで「お金でサービスを買うだけ」ならば、本書のようなテーマで悩んではいないはずであって、他人の顔色なぞが気になるほど繊細なのに「お金ですべてを解決しよう」とはしないほうがいいように思うのです。むしろ、「依頼にすぐに対応する」ほうが、本書の読者のみなさんにはよほど有用だとわたしは思います。

2 約束を守る

依頼に即座に応えるのと同等に重大なのが、「約束を死守する」ことです。甘えさせるには、約束を守らなければなりません。

自明のことのようでもわかりにくくなっているのであれば、やはり親子関係について考えてみましょう。お子さんをおもちでなくてもかまいません。

「子どもとの約束は１００％守るほうが、親子の信頼関係が深まると考えられませんか？」

反対の極端を想像してみます。

「子どもとの約束を1%も果たさないと、どうなるでしょうか?」

「連休に遊びにつれていってあげる」と言っておきながら、どこにも行かず、自宅で好きな映画ばかりみていれば、子どもは信頼してくれなくなるでしょう。親子関係であってもダメですが、これと同じことを仕事仲間にやるのはもっといけないと言わざるをえません。

約束とは、多くの場合には「締め切り」といわれています。すでに述べたとおり、急な依頼には即座に集中し、締め切りは死守するようにします。約束だからです。

わたしは「仕事術」について本を書いてきており、セミナーで時間管理の方法などについてもよく話をしました。だから、「約束を守りましょう」と言えばどんな言葉を返されるかをよく知っています。

「それができないときはどうすればいいですか?」

そう問われるでしょう。

そのようなことを考えないことです。締め切りを絶対に守るために、ありとあらゆる努力をしましょう。その姿勢が、「人を甘えさせる」ということの意味です。その結果として約束を破ることになったとしても、相手は理解してくれます。

ここでもう一度、「理解してくれない相手だったら?」と疑いたくなるかもしれません。すでに何度もこのパターンを読んでもらったはずですが、「疑い」モードが発生してしまっている段階で、すでに「相手を甘えさせる」モードからハズレてしまっているという点を忘れないでください。

「疑い」とは、不安です。不安は扁桃体が活性化していることと関係があるのです。闘うか、逃げ出したくなっています。そもそも、このモードに入り込まないためにこそ、「甘え、甘えさせる関係」の構築に向かうべきだという話をしているのです。疑ってしまったら、元に戻ってしまいます。

せめて一度だけでもいいから、実行しきってみましょう。疑うことなく、不安になることなく、依頼に応え、約束を守るために、総力をかたむけましょう。甘えるということを肯定しましょう。そうしてはじめて、他人とは「甘えさせる価値がある存在」なのだし、自分自身も必要に応じて甘えることのできる存在なのだと確信できます。

3 シングルタスクで依頼に集中する

わたしの希望に現実が応えてくれるのが「甘え」であるならば、「甘えさせる」にはわたしが現実からの要請に応えなければなりません。現実からの要請に応えるには、「シングルタスクで集中する」必要があります。

仕事や依頼を受けたら、即座に集中して取り組むことが大事です。「この動画を見終えてからにしたい」という気持ちが強いこともあるでしょうが、だからといって動画を見ながら洗濯物を干す姿を見せることは「不満を表明している」かのように映るものです。

人は、基本的にシングルタスク向きです。2つの作業を同時におこなうと、それぞれへの注意力が半分未満になります。トータルでみれば、損をするのです。それ以上に、作業を頼んだ人を不快にさせるというおまけがつきます。「甘え」が親子関係に基礎を置いていて、好意をもった二者がそれにふさわしいふるまいをすることであるという定義を思い出しましょう。頼まれた用事をマルチタスクの片手間でやるのは、決して好意的なふるまいとしてふさわしくはないはずです。

「そうはいっても、自分が我慢したり犠牲になったりしたくはない」

と反論されるとすれば、それは誤解なのです。

たとえばわたしは、娘に「醤油を取ってきて」と頼みます。娘はだいたいすぐに立って取ってきてくれます。わたしは娘に甘えており、娘はわたしに甘えているわけです。好意にふさわしい行動とは、このようになります。娘は決して「醤油を取りに行かされているぶん犠牲になっている」とは考えつきもしないでしょう。そう考えるとすれば、「好意」どころか中立ですらなく、明らかに敵意があります。

「敵意」はいったん、とりさげましょう。会社の上司を思い浮かべてみて、どうしても「敵意」しか湧かないのであれば、せめて一時的にでもいいから「中立」にできないか、トライしてみてください。

同時に、同僚または肉親など、好意が自然と湧く相手のことを考えてみてください。好意的にコピーをとりに行くのでも、敵意をもってコピーをとりに行くのでも、現実的な手間ひまにはなんのちがいもありません。しかし、「敵意をもって行動する」ほうがはるかに疲労し、消耗するでしょう。ということは、「敵意をもってなにかをする」のはコストがかかっているのです。

どうせやるしかないのなら、せめて中立な気持ちの中で、一度に1つずつ依頼に応えるのがベストなのです。よけいな心理的負担から解放されるうえ、相手の心証を必ずよくする結果になるのですから。

4 タイマーを使って、制限時間内だけでもマルチタスクをしない

もしもどうしても「シングルタスク」が難しいときには、タイマーを使って、制限時間内だけでいいからマルチタスクを避けます。「ポモドーロテクニック」で流行した25分間だけでもやってみてください。

本書のシングルタスクの目標は、あくまでも「同僚を甘えさせる」ことに主眼があります。マルチタスクがモラルに反するからではありません。

1つのことだけに集中するほうがかんたんです。集中する時間を1日に25分間だけでも確保すれば、少なくともその時間だけは「人の顔色をうかがう」苦痛から解放されるメリットもあります。

ただ、この方法論で得られるところは「ミニマム」です。オフィスに9時間いるとしたら、そのうちの30分だけ集中するというのはいかにも短い。それでも、人によっては、1日に30分すら集中せずにいるかもしれません。会社の人たちをまったく甘えさせることができていません。それであれば、1日に半時間でもいいから、少しでも「甘えさせる」ことを実行してみてください。

5
「雑だ」と言われるより、「遅い」と怒られるほうを選ぶ

多くの人がいまは逆にしているでしょう。「雑でもいいから締め切りには間に合わせなければならない」と考えているはずです。「甘えは許されない」と考え込んで「顔色をうかがう」うちに、わたしたちはただ急ぎ、あせるようになるのです。

「急ぐ」だけでも他人は納得する、と考えがちです。なんでもいいから、とにかくさっさと済ませようとするわけです。でも、ここにはいやらしいくらい差別的な感情が潜んでいます。

封建的な時代の主人が目下の者をこき使うなら、「下僕」はすばやく動けば動くほどいいでしょう。というよりも、すばやく動かなければ罰せられたにちがいありません。しかし、上司と部下とはいえ、いまは決してそういう時代ではありません。仕事を頼まれ、それに応えるという人間的な関係の中で、下僕のようにただ急いで物事を「やっつける」というのは、いい結果を生まないと思うのです。

このやり方を続けていけば、「上司」はあなたを下僕扱いするようになり、あなたについて「ちゃんとした仕事はできないが、とにかくやっつけることはできる」と感じるようになるでしょう。こういう関係が「甘え」とはほど遠いところにあるのは、すでに明らかだと思います。

6 積極的にものを貸し借りする

だらしない人だと思われたくないと、あなたは考えがちでしょう。「甘えは許されない」のバリエーションです。同じように、「だらしない人とはあまり関わりたくない」とも考えてしまっているはずです。この価値観から逃れるために、「頼まれれば人にものを貸し、忘れたものはだれかに借りる」のは、とてもいいきっかけになります。

あなたは人にモノを貸すことができ、そうしてあなたは人を甘えさせる体験を勉強できます。

同様に、他人はあなたにモノを貸すことができ、あなたは人に甘えられる機会を学べるのです。

貸しても、モノは返ってきます。借りたモノは、返すことができます。お互いに何も失うことなく、しかも良好な関係を築けるのです。

個人がきちんと独立した個人主義の社会というのは、見方によってはとても不合理な世の中です。みんながバラバラに、同じようなものを「所有」して、使わずにおく時間も短くはないのです。

本書でわたしが言いたいのは、「共有」という発想とは少しちがいます。共有も、これからの時代には大切でしょう。けれども、「共有している」のではなくて、「貸し借り」を「する」のです。おそらく現代ではやや「面倒くさい」とされている「やりとり」を増やす必要があると考えているわけです。

▼ 職場の「甘え」を成立させる6箇条

1. 即座に依頼に応える
2. 約束を守る
3. シングルタスクで依頼に集中
4. 制限時間内だけでもマルチタスクをしない
5. 「雑だ」と言われるより、「遅い」と怒られるほうを選ぶ
6. 積極的にものを貸し借りする

依頼に応じるのと「ご機嫌取り」は別物

即座に依頼に応え、約束は必ず守り、シングルタスクで集中する原則を貫けば、「人の顔色をうかがう」クセは影をひそめるでしょう。

「でも、こんなことをし続けるのはやっぱり大変そう」

そう思うかもしれません。じつは、「顔色をうかがいながら生きる」ことに比べれば、この世に大変なことはそれほどないものです。

それは、あなたがいちばん知っていることかもしれません。「顔色をうかがう」のは、24時間365日、下手をすると死ぬまで続きます。どんな依頼でも、24時間365日、死ぬまで続きはしません。依頼を果たせば、それで終わるのです。

いつも顔色をうかがってしまう人は

自分の失敗によって他人の機嫌が悪くなることを恐れ

自分の成功によって他人が機嫌を悪くしないことを期待しているものです。しかもそれは、あらゆる些細な行為にまで及ぶのです。

これほど「相手のこと」を考えているにもかかわらず、なぜか「顔色をうかがわれている側」が自分によくしてくれることはあまりないはずです。

いったいなんなのでしょう？

そもそも「機嫌を悪くする人」は、なにゆえに気分を害すると思いますか？

答えはすでに書きました。人は扁桃体を刺激されると、気分を害するのです。扁桃体を刺激されるのは、「何かしらの危険や損失を意識するせい」です。あなたの上司の「機嫌が悪くなる」のは、あなたがなにかをしでかしたせいで、彼なり彼女なりの時間やメンツを「失う」と恐れているからです。

そのような恐れは誤解か幻想の産物でしかないことを、あなたの側から示してあげましょう。具体的には、本章で述べたとおりです。依頼に全力で即座に応えるしかありません。グズグズとごねたり、片手間にイヤイヤやっている様を見せれば、相手の恐れは確信に変わり、ますます機嫌が悪くなります。

もちろん、あなたが「機嫌をとっている相手」は上司とは限らないでしょう。同僚や、もしかしたら部下の顔色さえもうかがっているかもしれません。その場合にも、同じことがいえます。部下が機嫌を悪くするのは、あなたに時間を奪われたり、心を傷つけられるのを恐れているのです。誤解もいいところだと思います。「傷つけられるのを恐れているのは自分のほうだ！」と言いたいはずです。

というわけで、この場合にも、そんな誤解を解くためになにかを尋ねられたり頼まれたりしたら、即座にシングルタスクで応じるのです。

「それはちょっとあとにして」

「そんなことをしているヒマはないんだけどな……」

などと口にせずとも、考えるだけで相手にそれは伝わってしまいます。そうすれば、先ほどのパターンと同じです。相手の恐れは確信に変わり、あなたは攻撃の対象となるのです。

依頼と脅迫、命令、懇願、誘いはちがいます。もちろん、会社であれば命令にも懇願にも時によっては応じる必要はあるでしょうが、「脅迫」や「命令」は「依頼」ではありません。しかし、「相手の顔色をうかがう」やり方だと、上のすべてが同じ意味になりかねません。依頼だろうと脅迫だろうと、相手の機嫌を損なわないためには「イヤイヤ言うことを聞く」しかなくなるのです。

「甘えさせる」には、「依頼に応える」だけです。依頼に応えれば、相手がふつうの人間であれば、損失への恐れを抱かなくなり、結果として「甘えの関係」が成立して、機嫌はよくなるし、機嫌をとる必要もなくなるのです。

あなたはなおも納得できないかもしれず、こんなふうに疑うかもしれません。

「けれども、もしそうならなかったら?」

第5章

「パワハラ上司」がどうしても我慢ならない人へ

前の章で、上司や同僚が損失への恐れを抱かなくなった結果として「甘えの関係」が成立して、相手の機嫌はよくなるし、こちらから機嫌をとる必要もなくなると述べました。

「しかし、もしそうならなかったらどうするのか？」

この問題について、この章をかけて答えます。

怒る人はおびえている

繊細な人が「不安で不快だ」と感じている「無神経な罵声や行きすぎた叱責」を放つ人の心理に迫ってみましょう。おそらく、ふだんは

「あの人たちはどうかしているのだ」

とみなしてきたせいもあって、「怒る人」の心情などにはあまり関心がもてなかったかもしれません。それでも、「怒る人の心理」を知っておくことはとても役に立ちます。ここでぜひ押さえておいて、今後「怒る人をむやみに怖がらなくてすむ秘訣」を覚えておきましょう。

心理自体は、ひとことで説明できます。

「怒っている人は、恐れている」

それだけです。

わたしは、この仮説を20年前から知ってはいました。養老孟司さんの監修された『脳と心の地形図』(リタ・カーター著、原書房)という本は、1999年に刊行されており、わたしは少なくとも2000年には愛読していたのです。いまも手元にあります。本書には「怒り」という小見出しの一節が収録されていて、ヒトが怒るときの脳科学的なプロセスが紹介されているのです。そして、そのプロセスは「恐れ」の場合と酷似しているのです。

▼ 怒ってみせる人は、恐れている

いずれも、「扁桃体モード」です。考えてみれば、自然です。「恐れるべき事態」に遭遇して「扁桃体モード」に入ったヒトは、闘うか、逃げるか、死んだふりをするという3Fの1つ、まさしく「怒り」とともにあるべき「闘争」があるわけですから。

脳科学的に見れば、「怒ること」も「恐れること」もほとんど変わりがありません。自然界では、身に危険が迫っているからこそ、「怒る」必要が生じるのです。

わたしが子どもだったころ、家の近くに大きなイヌが飼われていました。そのイヌがある日なぜか、子猫を追い回していました。わたしはぐうぜん目撃したのですが、追い回されていた子猫がとつぜん身をひるがえし、牙をむいてイヌに襲いかかるフリをしてみせました。一瞬のことで、大変な迫力があり、大きなイヌがひるんだスキに、猫は高い樹にのぼって難を逃れたのです。この威嚇行動こそ、「怒り」の原形でしょう。子猫はもちろんイヌに敵うはずもなく、イヌを恐れて逃げ回っていたわけです。

怒る人は、恐れています。少しくわしく付け加えると、「怒ってみせる人は、怖い相手に向かって威嚇している」のです。イヌを威嚇する子猫と同じです。

そう考えると、怒る人をそれほど恐れる必要はないのだと感じられてこないでしょうか。つまり、「怒っている」ということは、「おびえている」ということでもあるのです。「おびえている人」の本当の姿を見れば、怖くはなくなるはずだということです。

怒る人は無神経ではなく、むしろ繊細なのかもしれない

わたしは、倉園佳三さんと共著で『グッドバイブス　安心力で生きる：お金、評価、目標、健康、残り少ない時間：人生100年時代を「不安ゼロ」にする12の技術』という電子書籍を出版しました。「グッドバイブス」は倉園さんの発想です。倉園さんは、書籍やセミナーなどでしばしば次の趣旨のお話をします。

「怒るというのは〝おかしな行動〟で、人がおかしな行動をとるのは〝怖いから〟なのです。したがって、怒りを恐れる必要はありません」

わたしは、これを聞いて「怒りは恐れの現れである」という事実を知ったというか

思い出しました。しかし、何度か聞いても、どのようにこの事実を現実に適用すればいいのかまでは思い至りませんでした。それくらい、わたしは「他人の怒り」というものを無条件で恐れていたのです。

わたし自身はHSPであるとは思いませんが、それでも「怒る人」が奇妙なほど苦手でした。ライフハックや時間管理や仕事術に熱心だったのも、たぶんに「人の怒りを買いたくないから」というのが動機でした。行動を工夫し、時間をうまくやりくりし、仕事を期限内にやり通せば、人はめったにわたしを怒る理由がなくなると信じていたのです。

とにかく、わたしは他人から怒られたくなかったのです。だから、怒る人が内心どう感じているかなど考える余地もありませんでした。

「怒る人は、おびえている。うん、それで？」

そんな感じでした。

倉園さんに「おびえている人が怖いですか？」とたずねられて、ようやく

「なぜ自分は、おびえているかもしれないヒトをそんなに怖がっているのだろう?」

と真剣に考えはじめたのです。

怒る人は、どうかしているわけではないのです。無神経でもありません。むしろ、怒る人は繊細なのかもしれません。第3章で「繊細な人は静かに怒っている」と書いたとおりでもあります。

怒っている人がおびえているにすぎないのであれば、ほんとうに恐れる必要などないのです。この真理を折にふれ思い出すことが、「繊細さん」には大きなはげみになるはずです。

怒りっぽい親をもつ人に

少しだけ脱線すると、以上の「真実」を、ぜひ「怒りっぽい親」や「肉親」をもつ人に理解してほしいと思います。

ずっと一緒にいる子どもですら、なかなか気づきにくいことなのですが、怒っている親というのは、やはり例外なくなにか強い恐れや不安にさいなまれています。幼すぎるとわかりようがありませんが、10歳を過ぎたあたりからうすうす感じとることのできるものはあるかもしれません。


子どもがモタモタしていては時間を失うという恐れ。

子どもが幼稚な言動をするせいで自分の面目が失われる恐怖。

子どもの無軌道な行動を見逃していては子ども自身が不利益をこうむる不安。

子どもに馬鹿にされてはプライドに関わるというおびえ。

子どもと自分の将来に対する不安。


親というものが怒るとき、心の底で感じられているのは、こうしたことへの恐怖です。そして、怒りとは、これらへの防衛的な反応なのです。

とくに「さっさとしなさい！　どうしてそんなにノロノロしているの！」といった理不尽な攻撃は、時間を失う慣習的な恐怖感にのみこまれているせいで発されます。

経験が足りず、身体も小さく、身体能力も乏しい「自分の子」が自分と同じようにテキパキ行動できないのは当然だということすら、とっさの恐怖でわからなくなってしまうのです。

不公平で理不尽だということもありますが、「さっさとしなさい！」と怒鳴られている子どもが、怒られたからといって、急にテキパキ行動できるようになるものではありません。はたで見ていれば自明ですが、恐怖にのまれていると気づかないのです。恐れているヒトの脳は、まさに「は虫類脳」「妖精脳」です。視野が狭くなってしまうのです。

土居健郎さんの指摘どおり、「親子関係」こそは「甘えの原点」です。子が親に甘えることを身につけられないケースは、将来にどうしても不健全なしこりを残すものです。かんたんに言えば、親にうまく甘えられなかった子どもは、親の「不安」をそのまま心にインストールしてしまいます。金切り声をあげるとき、親の本心は恐怖でいっぱいなのですが、子どもにはそれが見えません。代わりに、親の「怒り」だけが目につきます。そして、子どものほうが恐怖に取り憑かれてしまうのです。

子ども時代にそんな不安に取り憑かれてしまうと、教師の叱責に直面しても、上司の批判を目の当たりにしても、教師や上司の「恐怖」はまったく見えず、「怒り」だけが前面に迫ってきてしまうでしょう。それは避けがたいことだと思います。

それでも、怒っている彼らの「恐怖」を意識はするようにしたいものです。彼らは「怒っているのではなく恐れているのだ」と思えれば思えるほど、それだけ怖くなくなるのは確実だからです。

「反撃」によって問題を解決することはできない

「傷つきやすい人であっても、怒ることが〝できる〟のであれば、そうしたほうがいいのではないか」

そんな意見もあるでしょう。扁桃体モードに従って、闘争本能に身を任せ、上司に舌鋒鋭く反撃することができ、それによってなにかが改善されれば、実益があがるかもしれません。しかし、現実にそれで事態が改善されるケースはかなり少ないでしょう。自分が「怒られた」経験を省みてみると、「怒りを返すこと」になにか意味があるとはどうしても信じられないのです。

自分に非があって叱られたことなどは、もちろん何度もありました。人より多少は繊細だとしても、悪いことや失敗をしないわけではないのです。けれども、覚えている限り、叱責されることによって心から反省し、「失敗や悪事を改めよう」と思ったことは、正直に言えば一度もありません。わたしの人間性にいくらか問題があるとは思います。それは認めるにしても、人は怒られてもまず反省しないし、行動を改めないのです。むしろ、怒った相手に復讐心を燃やすばかりです。

『人を動かす』（創元社）という本があります。世界で1000万部以上売れたとされる、大ロングセラーです。その中で、著者のデール・カーネギーは、若いころの失敗談を披露しています。デイヴィスという作家につまらない手紙を出してしまって、辛らつな返事をもらったエピソードです。

デイヴィスは、返事の代わりに、私の手紙を送り返してきた。送り返された手紙の余白には「無礼もいい加減にしたまえ」と書きつけてあった。

確かに、私が悪かった。それくらいの仕返しをされてもやむをえない。

しかし、私も生身の人間で、やはり憤慨した。とても悔しかった。

それから十年後にリチャード・ハーディング・デイヴィスの死を新聞で知った時、まず胸に浮かんだのは、恥ずかしながら、あの時の屈辱であった。死ぬまで他人に恨まれたい方は、人を辛辣に批評してさえいればよろしい。その批評が当たっていればいるほど、効果はてきめんだ。

（デール・カーネギー『人を動かす』創元社）

わたしはこれは、とても意義深いエピソードだと思うのです。「腹を立てても意味がない」「他人を攻撃しないほどうまくいく」という本を書いて大ベストセラーを出したのがカーネギーです。そのカーネギーにして、「無礼もいい加減にしたまえ」と余白に書かれた手紙のことを、相手が死ぬまで根に持っていたわけです。しかもカーネギーは、「わたしが悪かった」と認めているのです。これは絶対確実に言えることだと思いますが、全人類の9割以上は、カーネギーほどには寛大ではありません。

つまり、世界の「寛大さ偏差値60以上」の人であっても、人からの批判に対しては相手が死ぬまで恨むのです。たとえ本人に非があっても、批判が当を得たものであってもです。

このように言ったからといって、「批判をするべきではない」とか「他人を傷つけるのはいっさい避けるべき」とかいったことを述べているのではもちろんありません。そんなことは、現実的ではありません。「批判をせざるをえないことはある」し、「知らないうちに他人を傷つけてしまうことはある」からです。しかし、「他人に対して攻撃も反撃もしないこと」であれば、意識的な努力ができます。もちろん、これにしても「決して攻撃しない」のは容易ではありません。が、「攻撃によって問題が解決することはない」のです。死ぬまで他人に恨まれるリスクを背負うばかりです。

扁桃体モードでいることは銃を突きつけあうようなもの

ドラマや映画で、お互いのこめかみに銃を突きつけ合い

「銃をおろせ！」

「おまえこそおろせ！」

と言いあっているシーンを見かけます。向かい合う2人が扁桃体モードに入っているというのは、これと同じ状態です。お互いがお互いを恐れているのです。銃を突きつけている人間は、怖くて銃をおろすことができません。

「わたしは撃つ気はない。しかし、おまえに撃たれないために、やむをえずこうしているのだ」

それが、お互いのいつわりのない気持ちでしょう。
この構図が、ちょうど

理不尽に怒っている上司
顔色をうかがう自分

に相当します。客観的にはお互いが銃を突きつけ合っていても、主観的にはちがいます。

▼ 銃を先におろせないのは、怖いから

自分は撃たない
相手は撃つかもしれない

そうとしか思えないからです。

しかし、相手からはまったく同じように見えているのです。


怒るのは怖いからです。

顔色をうかがうのも怖いからです。

お互いが警戒心を突きつけ合っているのです。


この状態で「甘えさせる」とは、自分だけ銃をおろすことです。抵抗感があって当然です。

それでも、どちらかが先に銃をおろすしかありません。ですから、銃をおろしてみましょう。そうしても、日本にいるなら、現実には撃たれて死ぬことはありません。

最悪の場合でも

「相手だけが満足し、自分はその言いなりになってしまう」だけです。それがなにをやっても永久に続くようであれば、離婚なり転職なりを考えてみればいいはずです。

心理的弾力性、鈍感力、ストレス耐性ではどうにもならなかった

以上のような話をすると、どうしても反論されます。

「それなりにわかるけど、怖がらないことも怒らないことも、自分にはムリだ！」

気持ちはわかります。わたし自身が、「叱責を恐怖する人間」でした。そういう人にしてみれば、「怒る人は怖くない、攻撃も反撃も必要ない、なぜなら相手はすでにおびえているから」といわれても、目の前で怒鳴り散らしている人を「見てしまう」

だけで身体がすくんでしまいます。そして、怒りを覚えるでしょう。

しかしわたしには、「怒られるのが怖い」ことが切実な問題となっている人に対して、では「相手の恐怖心に着目し、相手の怒りにおびえない」こと以外にいい対策があるかというと、疑わしいとしか思えません。

よく心理的弾力性（レジリエンス）を鍛えるなどといった考え方が提案されることもあります。わたしもずいぶんそれに期待しました。心を壊れやすいガラス細工のようなものとしてイメージするのではなく、しなやかで弾力性に富んだゴムのようにしたいとは思うものです。わたしはその手の本を100冊くらいは読みましたし、「弾力性を高める講習会」にも参加しました。けれども、いっこうに心はしなやかにならなかったし、鍛えられもしなかったのです。弾力性と並んで人気のあった「鈍感力」や「ストレス耐性」にも強く期待したものですが、うまくいきませんでした。

これらの方法がだれに対しても無効だというつもりはありません。うまく機能するケースもあるにちがいないでしょう。しかし、わたしにはほとんど効果がありませんでした。わたしは異なる方法を身につけたかったのです。それを本書でお伝えしています。

「怖くなる」ことが 唯一の現実的な解決策

怒られてすぐに身がすくんでしまっていては、社会生活を営むのは大変です。

満員電車でも、ほかの乗客からなにか言われることがあるものです。

会社で同僚や上司、ときには部下から辛らつなことを言われる機会など、いくらでもあるでしょう。

もちろん、メールや電話などでクレームを受けることも避けられません。わたし自身、何度もあります。

さらに帰宅しても肉親、配偶者、ときによっては子どもから「口撃」されるかもしれません。

実家に戻っても、両親になにか不平をもらうこともあるでしょう。

町内の隣人に悪口を言われることも、ないとはいえません。

わたしはこれらすべてにビクビクして生きるのは「問題」であり、その問題を解決しなければならないと考えます。おびえていたくはないと思うのです。

けれども、「気丈になる」のはムリでした。「無神経になる」のは、ムリなうえに望ましいとすら思えません。ライフハックや仕事術を駆使して「怒られなくなる」のも実現しなかったのです。

「怖くなくなる」のが唯一の回答ではないかと、今は考えます。そして、これはできたのです。ライフハックや仕事術を山のように取り入れても「ミスゼロ」で生きることはできませんし、ストレス耐性も強化されず、レジリエンスもアサーティブネスも身につけられませんでしたが、他人を恐れないことだけはできるようになったのです。なぜなら

「怒っている人は、わたしと同じように恐れている」

と心の底からわかったからです。

わたしに向かって「怒る人」はずっと存在しています。今後も、生きているかぎりはいなくならないでしょう。わたしに原因があることもあれば、誤解に過ぎないこと

もあります。「怒られること」自体はあるのです。
それでも、1つ1つをていねいに観察していけば、たしかに怒っている人はなにかを恐れています。なにを恐れているのかは、わかることもあればわからないこともあります。けれども、「なんの恐れも抱いていないのに、ただただ怒っている人」は、注意してみるとだれもいません。そのとき、わたしは「目の前でなにかを怖がっている人」を「発見」できます。そして、考えます。
「わたしはなにかとビクビクするクセがあるが、そんなわたしを他人が怖がるべきだろうか?」
そう考えてみるのです。怖がっているわたしは、いわば「弱者」ですから、他人が本当にわたしを恐れる理由はないのです。ということは、
目の前で怒っている人=なにかを恐れている人=弱者
を、わたしが怖がる根拠もないと考えられたのです。

「怒っている人」の真似をしてみる

ここで、ちょっとした「即席の対策」を紹介しましょう。いつでも有効とは断言できませんが、人に怒られてつい気分が落ち込みそうになったとき、わたしはこれをやるだけですっかり元気になれることが多いものです。

やり方はかんたんです。だれかに怒られたら、そっくりそれを真似してみます。もちろん、本人の前でやってはいけません。たとえば妻に

「どうしてそういうことするワケ?!」

とすっかり呆れられ、大声で叱り飛ばされたとします。そんなことは、それこそしょっちゅうあります。ついとっさに言い返しそうになりますが、なんとかこらえて、怒りが鎮まらないままでもトイレなどに引っ込むわけです。そして小声で

「どうしてそういうことするワケ?!」

と自分で言ってみるのです。わたしは実体験から言えるのですが、これをきちんとやればほぼ100パーセント、たちまち怒りがスッと鎮まってしまいます。

どうしてそんな効果があるのか、厳密には説明できません。ただ、少なくともわたしについてはこれが確実に効果があります。そして、おそらく効果があるのはわたしだけではないでしょう。というのも、この方法はれっきとした「怒りを鎮めるた

▼エンプティチェアに向かって言われたことを言ってみる

めのメンタルトレーニング」として、「認知行動療法」などの分野でも紹介されているからです。

よりしっかりとやるには、目の前に椅子を置いて、その椅子に相手が座っていると想像し、その相手に叱責されたことや、そのときに自分が言いたくても言えなかった言葉を言ってみます。これは、認知行動療法（ゲシュタルト療法）の技法の1つである「エンプティチェア・テクニック（空椅子の技法）」といいます。

やってみたものの実感としては、「怒っている人は攻撃をしているとは限らない」と、相手の真似をしてみるとわかるからのような気がします。つまり、相手とそっくり同じように真似してみると、

「怒声や罵声は必ずしも相手に向かって投げつけているのではなく、とにかくそうした言葉を発したいだけだ」

という感じがするのです。であれば、それは相手の中で完結している話であって、自分がその怒りをまともに受け止めることもないわけです。

これは、ある意味で「反省しない練習」にもなります。つい人の顔色をうかがって

しまうような人は、なにを言われても、つい反省してしまうでしょう。反省する前に、相手の口調を真似してみてください。きっと反省は不要だと気づくことが多いはずです。

VRで怒られてみる

やや子どもだましのようですが、いまのVR（バーチャル・リアリティ）はなかなかすぐれものです。2000円程度でも入手できます。

だれかがだれかに怒っているシーンや、自分に向かって罵倒する動画をVRで見てみてください。これは、『グッドバイブス』の倉園佳三さんにすすめられて試したのですが、とても不思議な臨場感があって、本当に落ち込みそうになってしまいます。

そうしたら、VRを外せばいいわけです。外してしまえば、当然ながら、怒っている人もだれもいません。

あたりまえのことです。しかし、そのあたりまえのことがわからなくなっているからこそ、頭の中で罵倒された記憶を呼び出して本当に落ち込んでしまう人もいるのです。

「扁桃体モードにはバーチャルで入れる」

その事実がここにあります。

物理的に殴られたりモノを投げつけられるようであれば別ですが、顔色はけっきょくは「イメージ」にすぎないし、怒声は「サウンド」にほかなりません。VRと変わらないといえば変わらないのです。外せば消えてしまうのです。数度VRを体験してみると、「現実におびえるのも、VRにおびえるのも、要するに同じようなものではないか」と考えられるかもしれません。

どうしても忘れられないならスクワット

同じく緊急避難的なやり方ですが、以上のすべてを読んでもなお「怖いものは怖い」というのであれば、スクワットをすすめます。スクワットでなくてもかまいません。運動であればいいのです。ただ、どこでもできるものでなければ、いざというとき役に立ちません。

ねらいは、「ごくわずかでいいから心拍数を高める」点にあります。スクワットを20回もすれば十分です。闘争や逃走に向かうはずのエネルギーを、スクワットで消耗してしまえばいいのです。

とくに怒られると「気持ち悪くなる」という人の場合には、闘争も逃走もできないために「死んだふり」になってしまっているケースがかなりありそうです。「死んだふり」は、つまり「固まってしまう」のですから、肉体から活気が消え失せます。心拍は逆に遅くなり、血流は緩慢になって、手足は冷え、しびれを感じたりすることまであります。会社でこうなっても困るし、帰宅してからこんなふうになるのは理不尽にもほどがあるでしょう。だから、肉体に活気を取り戻してあげればいいわけです。

個人的な経験では、60前後の心拍数を70に引き上げるだけで気分がよくなります。だまされたと思って、やってみてください。

静かな怒りは自分だけを傷つける

第3章で述べたように、HSPの人や「繊細な人」は、「静かな怒り」を胸に秘めています。会社や家庭のために「犠牲になっている」にもかかわらず、相手が友好的でないなら腹が立つのが人間です。

とくにHSPの人からしてみると、世の中の人たちとの間には「非対称的な関係」があります。

「自分はとても傷つきやすいが、相手はそうではない。したがって、自分たちのほうが世の中を生きるのに不利益をこうむりやすい」

そんな不公平感があるのです。この不公平感は、もちろん憤りを生むでしょう。

「わたしは他人を傷つけないか、もし傷つけるとしても、そうならないようにいつも気をつけている。アンテナ感度が敏感だし、内向的だからそうなるのだ。けれども、大多数の人はそうではない！　とくにわたしの上司や夫はひどいものである」

そんな不満が強いわけです。

こうした不公平感に憤る人からすれば、本書の提案はじつに公正を欠いたもので、受け入れがたいかもしれません。「相手も恐れているのだから恐れることはない」とか、「相手の真似をしてみる」というのは、けっきょくはなんであれ、「繊細な側が努力する」ことになってしまうからです。

それはたしかにそのとおりです。しかしわたしは、自分自身が「怒られるのにたいへん弱かった」ときのことを思っても、ここはこうするしかないと思います。それが現実的だし、現実的な対応により自分の苦しみを半減させられる点を強調したいわけです。世の中の人たちの無神経ぶりに腹を立てても、その不公正さに静かな怒りを燃やしていても、苦しむのは自分だけです。

この「苦しむのは決して相手ではなく自分だけ」というところを真剣に考えてみてほしいと思います。怒りとは扁桃体モードに入ることであり、その時間が長くなればなるほど、副腎からのコルチゾールにより心身が傷つきます。怒りによって傷つくのは、ほかならぬ自分自身なのです。あなたの副腎から分泌されるコルチゾールでもって、上司や配偶者に罰を与えることはできません。「あんな連中は天罰に値する！」と念じているあいだじゅう、あなただけが罰されているようなものなのです。なにか割に合わないと思いませんか？

第6章

休むのは甘えである

「甘え」という言葉そのものにはネガティブなイメージを抱いているとしても、「実際には甘えている」人は多いものです。「自分が甘えているという罪悪感」にさいなまれている人がHSPであり、他人から完全な独立世界を生きようと悪戦苦闘している人が「発達障害」なのだと、わたしには思えます。

こう考えないと「甘えは悪だ」となった瞬間から、オール日本人が病気になってしまいます。実際にはそうはなっていません。ということは、それなりにやっていけている日本人は、わたしも含め、「甘えたまま」で仕事を進めているわけです。

わたしは、ここでHSP気味の人に「甘えることへの回帰」をすすめたいわけですが、なにもHSPの人だけに甘えが必要だというのではありません。すべての日本人が「甘え」を必要としているのです。

このような考えに沿って、ここまでの章で「他人を甘えさせる方法」をずっと考えてきました。それによって「他人の顔色をうかがわなくなる」のに役立つからです。

そのうえで、本章では「自分を甘えさせる」具体的なやり方を紹介します。他人を甘えさせることができれば、自分のことだって、罪悪感をもつことなく甘えさせられるでしょう。

まずは自分の身体を「甘え」させる

はっきりさせておきます。甘えはよいものであり、少なくとも必要なものなのです。けれども「甘えるのはよくない」と心から思い込んでしまった人にとっては、いきなり「甘えのススメ」と言われても受け入れがたいでしょう。だからこそ、ここまで「他人を甘えさせ」る話を中心に進めてきたわけです。ここまできたからには、次の「自分の身体を甘えさせる」ことをマスターしましょう。

休日にやる必要はありません。むしろ、平日の帰宅後すぐからはじめることです。どちらかといえば、女性が得意とするところかもしれません。しかし、このことに男女は関係ありません。

身体を甘えさせるとは、具体的には「身体にダメージを与えるようなことはいっさいやらない」「ストレスになるようなこともいっさいしない」ことです。

甘えの定義をふり返ります。

「相手は自分に対し好意を持っていることがわかっていて、それにふさわしくふるまうこと」

それが「甘える」ことでした。土居健郎さんがこのように定義したのです。

自分の場合、「自分の身心に好意を持っている」ことは当然なので、あとはそれにふさわしいことをするだけです。

「わたしは自分のことがあまり好きではない」といった話はナシにしましょう。「自分とは何ものであるか」をだれかに主張するとか、「だれかが自分を低く評価する」といったことがらではないのです。だれもいないところで自分のことに好意を持つのに、資格もなにも不要です。

ここでは自己肯定感うんぬんはスルーして、とにかく「自分の身心」に対し好意的に接するように心がけてください。お気に入りの音楽をかけ、好きなモノを食べて、熱すぎないお風呂に浸かるなどします。SNSなど「自分の心が傷つくかもしれない」ようなものを見るのはやめにしておきます。テレビも同様です。絶対に気分を害することなどないものを厳選して視聴しましょう。姿勢も、疲れない姿勢を心がけることです。眠くなったら、眠りましょう。

これを5時間ほど徹底してやると、多くの場合、人生観が１８０度逆転するほどの効果を実感できます。それが、「甘えられる状態」なのです。もしも職場に「甘えられる」とすれば、職場に行ってもこの状態に入ることは可能です。

会社を休んで自分を甘えさせる

「自分の体を甘えさせる」を「休む」にあてはめるなら、会社の人たちは自分に好意をもっていることがわかっているから、それにふさわしくふるまうことが「休む」ということになるのです。もしも休日にこうできないようでは、「会社が安全な居場所」などではありえません。会社が安全な居場所であるためには、会社の人たちに「甘える」ことができていなければなりません。それはつまり、職場の人間関係が「好意にあふれている」という意味になります。

会社の人に「甘えられる」のでない限り、どれほど長期休暇を取ったとしても、どうにも気が休まらないでしょう。最近になってよく聞く話ですが、「自分だけが休んだ」という「罪悪感」がつのるだけに終わってしまいます。そもそも、その状態で「長期休暇」を取る気になどならないはずです。

ここで、少しだけ脱線します。

「休暇」が、たとえいい意味でも「甘え」となるのは、日本のような「甘えの文化」だからであって、欧米などでは異なるのではないかと思われるかもしれません。そのとおりです。おそらく、アメリカやフランスでは「休むのは自由」でしょう。「甘え」ではなく、「自由」です。これはとても大切なことなので、しっかりと見比べておきます。

休むのは甘えである。
休むのは自由である。

わたしたちは、なるべく古くさい和式の「休むのは甘え」を脱却し、欧米風の個人主義にのっとった「休むのは自由」を目指してきたのですが、おそらくうまくいかなかったのです。

第一の理由は、なんといっても、日本人がながらく「甘え」でやってきたという事情があるせいです。その歴史が長いので、「休むのは甘えだ」という感覚から、会社も会社員もぬけだせません。他人にどのように思われようと心の底から「休むのは自由だ」などとは思えません。結果として、「休むのは他人への甘え」であるけれど、「甘えは脱却しなければいけない悪いもの」という、とんでもない状態に置かれてしまったのです。

こうなったら、「休むのは悪いこと」になってしまうほかありません。休むのが悪いことなら、休暇を取るのはほとんど犯罪です。理解に苦しむ発想ですが、現実にはそうなりかねないのです。

第二に、「休むのが自由である」という考えのベースには、「人がなにをしようと自由だ」という強烈な価値観があります。職場でこの価値観をすべての人が共有すれば、徹底的な能力主義が出現します。「休むのは自由だ」と会社員が考えるのですから、「リストラするのは自由だ」と会社側は思います。

だから、「成績があげられない人間に居場所はない」ということになります。そもそも、これを耐えがたく感じる人が欧米人にもいるからこそＨＳＰは横文字だという話はすでにしたとおりです。

ごく少数の最優秀の日本人には、これはこれでカラッとして悪くないかもしれません。しかし、平均的な人にとって、このような社会はかなり過酷なものとなります。

以上のような理由から、「休むのは自由」には移行しきれず、依然として「休むのは甘え」のままです。そしてわたしが考えるに、この事実を受け入れ、むしろ積極的に活用していくほうが現実的だと思うのです。「甘え」を悪いものとせず、むしろ「よいもの、必要であるもの」と認めてしまえばいいのです。そうすれば、「休むのは甘え」であってなんの問題もなくなります。

甘えさせているから、甘えられるようになる

いましがた見てきた「欧米人」と「日本人」の自由と甘えの価値観からわかるとおり、わたしたちは

「1人きりでいるときでさえ、心の中では他人と一緒」

になりがちです。まさにこのことが、「繊細な人」には大きな心の負担となっているのです。

そこで、現代の日本人は「解決策」として逆の価値観を持とうとしすぎているのです。

「もっと他人から自由になろう！」
「休みの日くらい1人で気ままに過ごそう！」
「他人とベタベタくっつきすぎるのをやめよう！」
「もっと自由で自立した〝個人〟として生きよう！」

こういった発想が、とても自然で健康的に思えるのです。

しかし、これこそがワナだと思うのです。というのも、かんたんに「自由で自立した個人」になれないからこそ、苦しんでいるわけです。「他人から自由になろう！」としている段階で、すでに心の中に「他人」に住むことを許しています。心の中に「他人」がすでに存在しているからこそ、彼や彼女から「自由に」なることを目指しているはずです。心の中の「他人」を「振り捨てよう」とすれば、その「他人」は心の中で「嫌な顔」をするでしょう。これが、「つい顔色をうかがう心理」です。

レジリエンスとか「打たれ強さ」とは、そんな「嫌な顔」をされても平気でいられるようになるという話であって、決して「そもそも心の中に他人などいやしない」という「真の自由さ」ではないのです。わたしには、レジリエンスも「打たれ強さ」も難しいとしか思えません。ようするに、わたしにはムリでした。そのためにまず、第4章で「他人を甘えさせる」やり方を説いたわけです。

その「甘えさせる」の中には、本書の読者にはなかなか受け入れがたいであろう内容をあえて入れています。上司があなたを恐れて「理不尽な怒りをぶつけてくる」という「甘え」も受け入れれば、終業間際に「急に仕事を振ってくる」という「甘え」をも、ひとまず受け入れてほしいのです。「甘えさせる関係構築」には、それをするだけの価値があります。ここまでやれば心おきなく甘えて休めるというだけでも大きいはずです。

じつは、この順番には迷いがありました。まず「自分を休ませ甘えさせ」て、しかる後に元気になったところで「他人を甘えさせる」順番のほうがいいだろうかとも思いました。けれども、他人をまず甘えさせないことには、その他人に「もちろん甘えさせてもらえる」と考えることが難しいのではないかと考え直したのです。とくに「繊細な」人にとってはそうでしょう。

そうして自分自身を、自分にも他人にも甘えさせることによって、「甘え」を肯定するのです。1人ずつ、「他人の甘え」を許していくのです。この逆をさかんにやっているのが、現代のわたしたちなのです。

「我慢できること」という価値観を強く刷り込まれた者は、「我慢できない人」を見ると、その人の我慢できない態度が許せなくなります。「1人で頑張ること」が大切だとたたき込まれた者は、「1人で頑張れず途中であきらめてしまう人」や「他者にすぐに助けを求める人」を目にするとイライラします。「弱音を吐いてはいけない」と言われた者は、すぐに泣きごとを言う人を許せなくなります。

（岡本茂樹『反省させると犯罪者になります』新潮社）

「甘え」という言葉こそ使っていませんが、『反省させると犯罪者になります』を書いた岡本茂樹さんの述べていることは、本書でわたしの言いたいことによく似ています。わたしたちは、「1人でがんばることが大切」と説かれ、「甘えを捨てるように」

刷り込まれているのです。だから、他者の甘えが許せなくなるし、「他人はわたしの甘えを許してくれない」とすぐに考えてしまって、休むこともままならなくなっているわけです。

これを反対にしたいのです。他者が自分に甘えることを許し、他者に甘えることを自分に許します。甘えるということを、万人に許すわけです。そうすれば、ラベンダーの香りのする入浴剤を使わなくても、休日に心身をリラックスさせることは可能になります。

▼ 自分が努力してやっていることをやらない人は許せない

「我慢できる」という価値観	「我慢できない人」を見ると許せない
「1人でがんばること」が大切	「他者にすぐに助けを求める人」が許せない
「弱音を吐いてはいけない」と言われた者	「すぐに泣きごとを言う人」を許せない

怒られたときには動悸を鎮める

本章の目的は、自分の肉体を甘えさせることによって「心の傷を癒やす」ことです。なぜ、肉体のケアを通じて心が癒えるのでしょうか。

答えは、扁桃体モードの3Fにあります。ファイト（闘争）とフライ（逃走）のために血中コルチゾール濃度が高められてしまうと、肉体がダメージを受けます。そのとき、身体の苦痛を覚えると、わたしたちはしばしばそれを「心の傷」と呼んでいるのです。

というのも、ストレスレベルが高くなっているときの「身体への影響」は、目には見えません。上司に理不尽なひと言をたたきつけられたからといって、目から血が流れ出すわけではありません。しかし、胃のすぐ上、あばら骨がちょうど終わっているあたりの胸の付近に痛みを覚えたり、ヒザの関節が冷たくなったりする「繊細な人」はいるはずです。こうした身体症状は、無用な扁桃体モードが持続した結果なのです。

こういうときに、胸をさすったり、関節を温めるのはいいことです。身体が落ち着けば、「心の傷」は勝手に消えていきます。もともと、「心に傷」など負っていないからです。

「部長に理不尽な叱責を受けた」ことは事実でも、それから6時間も経ってなお「扁桃体モード」でなければいけない理由はまったくありません。3Fは、電光石火のスピードで去らせてしまうのが理想です。野生の動物は、一瞬の判断で、闘うか逃げるかします。闘争または逃走というのは、そのような「一瞬の」生存戦略なのです。

そもそもわたしたちは、心の傷を身体の痛みとまぜこぜに感じます。区別しきれないのです。ウォルター・ミシェルは、ベストセラー『マシュマロ・テスト』（早川書房）のなかで、アスピリンが心の痛み止めとして有効であることを記しています。心の傷は身体の痛みとして現れ、身体の痛みを鎮めれば心の傷も癒えるわけです。

叱られた直後などには、心拍数が速くなるはずです。鼓動が高鳴ります。扁桃体モードとは、まさに身体反応として現れるのです。「繊細すぎて心が痛む」人は、身体を甘えさせて「心の傷」を癒やしましょう。

動悸は、鎮めることができます。ごくかんたんなやり方を紹介すると、1分ほど、リラックスした姿勢でゆっくりと呼吸しましょう。数千年前から導入されている、瞑想による呼吸法は、だいたいどれも効果があります。

これだけで動悸が鎮まり、呼吸が深くなるはずですが、そこで終わりにせず、このリズムを寝るまでずっと保つようにします。深呼吸すると、時間がゆっくり流れるように思えるはずです。その感覚を保って、焦ったり急いだりを厳禁にします。すべてをふだんの少なくとも1・2倍のスローペースで実行します。そうすれば、「動悸を鎮めるとはどういうことであるか」を具体的に体感できるはずです。

肉体を落ち着かせようとすれば、鎮静化させることはできます。心の傷を癒やすとは、肉体の変調を元に戻すことで得られるものです。

110%の睡眠時間をとる

本書では、ここまで典型的なHSPの性質とされている

「光、音、匂い、人の感情、場の雰囲気などを人より強く感じる」

という点にはあまり触れずにきました。想定読者が必ずしもHSPの人だけではないことと、「生理的な特質」は多くの書籍で取りあげられているからです。

しかし、典型的に「知覚過敏」が問題である人にとっても非常に有効な対策が1つあります。眠ることです。部屋の環境をしっかり整えれば、睡眠中は「光、音、匂い、人の感情、場の雰囲気」のすべてをシャットダウンできます。いまの時代には、残念ながら100％とはいかないかもしれませんが、どんな人であっても覚醒時よりは「知覚」をしぼりこめるでしょう。

睡眠中に「人の感情」や「場の雰囲気」を知覚することはできません。まして、「人の顔色」をうかがうこともできません。夢の中でも「他人」の顔色をうかがってしまうという人はいるでしょうが、それは「夢」ですから、その「他人」は実在しません。あえて言うなら、夢の中の「他人」とは「自分」です。

睡眠は、覚醒時に比べて、圧倒的に疲労を回復させてくれる時間です。こんなことはあたりまえすぎて書くのが少しはばかられますが、それでも、現代人の睡眠不足は過酷なレベルに達しています。わたしはまいにち、最低でも7時間30分、できる限り

8時間は寝るようにしています。

これでも多すぎるとはまったく思っていません。これは決してかんたんな話ではありません。わたしにはこれを書いている現在、小学6年生になる娘がいますが、勉強だの友達づきあいだのいろいろと忙しく、下手をすれば就寝が23時付近になります。忙しい現代ビジネスパーソンの就寝が24時をまわり、もしかすれば26時以降になるのもうなずけます。

本書の扁桃体モードと3Fの話を読んでいただけているなら、本章のほかの話はすべて無視していただいてもいいので、「睡眠時間をいまより110％に長くすること」だけは試してみてほしいと思います。「習慣化」で有名なビジネス書作家の古川武士さんは、「寝尽くす」という表現を使っていました。そうして9時間睡眠を達成し、とても身心がスッキリしたと書かれています。

現代は、あまりにも「生産的」であることを高く評価しすぎです。「睡眠」は「生産」と対極の時間であるために、少なければ少ないほどいいなどと思われてきました。だから、「超短眠法」や「朝2時に起きる」といった書籍が人気を博すこともあります。しかし、たとえ特殊体質ゆえに1日3時間睡眠で体力がもつ人でも、そんな短時間で脳はストレスから回復できません。もし本当に「光、音、匂い、人の感情、

▼ 寝尽くす

場の雰囲気などを人より強く感じる」のであれば、刺激にさらす時間は短くするべきなのです。

休むことだけに時間を費やす

こうしなければいけないというのではありませんが、それでも

「休むことだけに時間を費やしても後悔しない」

ことをおすすめします。

自分の身体を甘えさせるには時間がかかります。動悸を鎮めるだけでも、人によってはそれなりの時間がかかるはずです。「寝尽くす」となれば、最低でも8時間は必要です。ほかにも、次のことをおすすめしたいのです。

- なるべく時間をかけて食事を用意し、食事中は食事以外のことをやらない
- トイレ中は、トイレにものを持ち込まない
- 入浴中は、入浴だけにする

以上のすべてを守るとなると、おそらく休日は「生活だけ」で終わってしまうはずです。

必ずしもHSPの特性というわけではありませんが、繊細な人は、どうも「休日中に自分の価値を向上させよう」とする傾向があります。

がさつな言葉を投げつけられれば、傷つきます。そうならないためにも、仕事のできる社会人になって、毅然とした態度で立ち向かおうと、心のどこかで考えているのでしょう。他人が休みを取る休日であっても、「自分はスキルアップのために時間を費やす必要がある」と思ってしまいます。ここまで読めば明らかなとおり、それで心も体も休まりません。「甘えは許されない」という、なにやら漠然とした価値観は、こんなにもわたしたちを縛りつけています。

わたしたちは、はじめ「自由を手に入れよう」としたはずです。日本式の「情緒的気づかいの前近代型組織」をやめにして、能力を重視した、シンプルで、ルールに

則った、〝仕事をするための職場〟を作ろうとしたのです。「自分の仕事」が終わったら「職場の空気」に流されることなく家路につくことのできる、サッパリした空間を欲したはずです。「若手だから職場の清掃」をさせられるとか、「女性だからお茶くみ」をしなければならないなどの「陰湿なルール」を脱したかっただけなのです。

すでに書いたとおり、わたしは決してここまで「古い体質」を取り戻したいとは思いません。しかし、「若手の残業」や「お茶くみ」などに典型的な「甘え」を職場から完全に一掃してしまったら、成果だけを求めて徹底的に優劣を競う、想像するかぎり最高レベルに過酷なコミュニティが出現するとしか思えません。「休むのは甘え」でよかったはずが、「休日がトレーニングの日」になってしまうのです。

こういった事態を避けるためにも、最後に1つだけライフハック的な小技を紹介しましょう。休みに確実に休むには、

「休む」

という「予定」をカレンダーに書き込んでしまうことをおすすめします。その日が「休み」であることを、自分に強く認識させるわけです。

そのうえで、次のような行動をとらないようにしましょう。

- 語学学習など、なんらかの自己成長を見込むためのトレーニング
- 投資の勉強など、将来の不安やリスクを減らすための予防的行為
- 断捨離など、なんらかの根本的改善につながる行動

この種のことをやろうとせず、本当にやりたいことをやるべきです。それも、映画鑑賞など、なるべく長時間かけることがいいでしょう。

▼ 休みを予定に入れてしまう

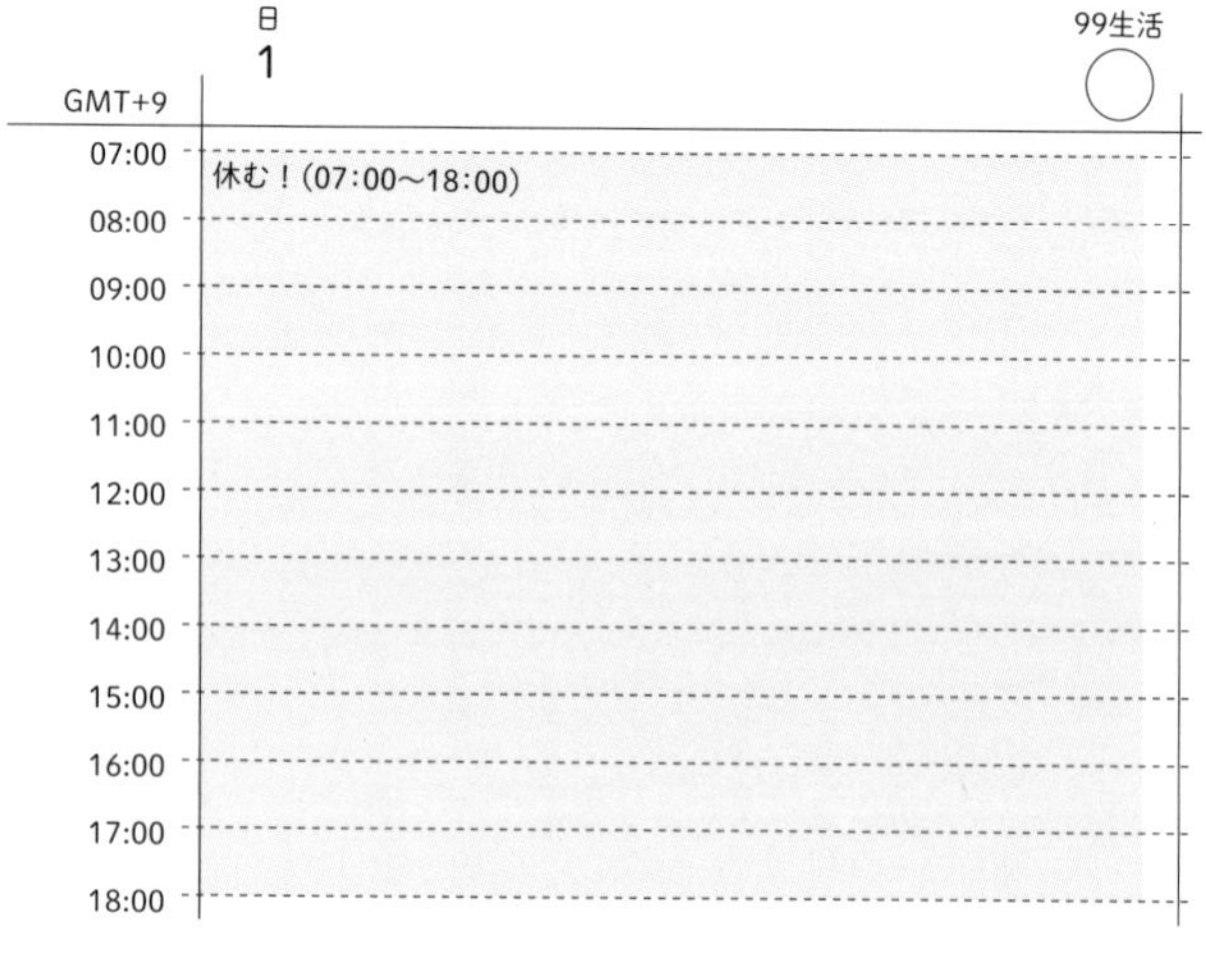

おわりに

いろいろ書きましたが、かんたんにまとめれば、他人の顔色をうかがうのをやめるためには「おびえない」ことに尽きます。

他人の顔色をうかがうのは、他人を警戒しているからです。それは銃を構えている相手に向けて、こちらも銃を構えて威嚇するのと同じ意味になると、本書の第5章で書いたとおりです。

ホンモノの拳銃と違って、本書で問題にしているのは「心の威嚇」のようなものです。それだって怖いかもしれませんが、本当に銃を突きつけられているのとちがって、自分だけが「銃をおろした」としても殺されることはありません。

この場合、「銃をおろす」というのは、「おびえるのをやめる」ことです。逆に言うと、おびえるとは、相手にしてみれば銃を突きつけられているようなものなのです。だから、おびえるのをやめれば銃をおろしたことになり、それが「相手を甘えさせる」結果になります。これで「甘え」が成立します。

しかし、それでもやっぱり怖すぎます。安心してください。だれもが同じなのです。だから、銃をおろせないのです。

わたしも同じです。いまでも、だれかに何かを言われるのを恐れてしまうことがあります。扁桃体が活性化してしまうのです。

だれのこともいっさい怖くなくなるのは、たしかに難しいかもしれません。しかし、怖がり「続ける」ほうならば、やめることができます。怖がってしまうのは、しかたありません。しかし、怖がり「続ける」のはやめたほうがいいのです。

ただ、本書の提案を「難しい」と思いすぎないように注意してください。パワハラめいた上司や、関係が暗礁に乗り上げた配偶者などを「甘えさせる」のは無理があるかもしれません。でも、それほど無理なく「甘えさせる」ことのできる友人や同僚もいるはずです。まずはかんたんな人々から試していってください。

本書の試みには、失敗がありません。たとえ「銃をおろせない」、つまり「顔色をうかがってしまった」としても、結果はいつもと変わりません。

そして「銃をおろすことができた」とき、新しい可能性が開けます。顔色をうかがわずにつきあえる相手を1人、また1人と増やしていくことができるのです。

佐々木正悟 ささき しょうご

心理学ジャーナリスト。専門は認知心理学。1973年北海道旭川市生まれ。1997年獨協大学卒業後、ドコモサービスで派遣社員として働く。2001年アヴィラ大学心理学科に留学。2005年に帰国。

幼稚園のころから大人の叱責に神経質すぎるところがあり、かくべつ厳しい家庭で育ったわけでもないのに母親の顔色をよくうかがっていた。

成人後も上司や先輩社員などの些細な指摘に耐えられず、組織で働くことを拒否して、心理学を勉強するために渡米する。

帰国後も対人関係への苦手意識から在宅での仕事を中心とし、人前で失敗しないための「ライフハック」を追求し、それを題材とした文章発信で生計を立てる。

本書は「HSP」や「甘え」など、自分の性格の弱さと関係が深そうなテーマを追求し、まとめた内容である。

本書以外の著書に『なぜ、仕事が予定どおりに終わらないのか?』『たった1日で即戦力になるMacの教科書』『iPhone情報整理術』(技術評論社)、『スピードハックス』(日本実業出版社)、『先送りせずにすぐやる人に変わる方法』(KADOKAWA)などがある。

| ホームページ | https://nokiba.github.io/
| Twitter | @nokiba

| Good Vibes Official Channel |
倉園佳三さんと無料動画「グッドバイブスなぶっちゃけ相談」を毎週配信中です。質問や疑問もどなたでも匿名で投稿いただけます。よろしければご利用ください。
https://www.youtube.com/c/GoodVibesOfficialChannel/videos

ブックデザイン／上坊菜々子
イラスト／永田カビ
DTP・作図／白石知美・野中賢（システムタンク）
編集／傳 智之

お問い合わせについて

本書に関するご質問は、FAX、書面、下記のWebサイトの質問用フォームでお願いいたします。
電話での直接のお問い合わせにはお答えできません。あらかじめご了承ください。
ご質問の際には以下を明記してください。

・書籍名
・該当ページ
・返信先（メールアドレス）

ご質問の際に記載いただいた個人情報は質問の返答以外の目的には使用いたしません。
お送りいただいたご質問には、できる限り迅速にお答えするよう努力しておりますが、
お時間をいただくこともございます。
なお、ご質問は本書に記載されている内容に関するもののみとさせていただきます。

問い合わせ先
〒162-0846
東京都新宿区市谷左内町21-13
株式会社技術評論社　書籍編集部
「つい顔色をうかがってしまう私を手放す方法」係
FAX：03-3513-6183
Web：https://gihyo.jp/book/2021/978-4-297-12327-7

つい顔色《かおいろ》をうかがってしまう私《わたし》を手放《てばな》す方法《ほうほう》

2021年10月26日　初版第1刷発行

著　者　　佐々木正悟
発行者　　片岡巌
発行所　　株式会社技術評論社
　　　　　東京都新宿区市谷左内町21-13
　　　　　電話　03-3513-6150　販売促進部
　　　　　　　　03-3513-6166　書籍編集部
印刷・製本　昭和情報プロセス株式会社

定価はカバーに表示してあります。

ISBN978-4-297-12327-7　C0036
Printed in Japan